Tú puedes ser...

# ¡IMPARABLE!

## John Mason

# ¡Imparable!

por John Mason

Todas las citas bíblicas, a menos que se indique lo contrario, son tomadas de,
La Santa Biblia, Nueva Versión Internacional® NVI®. Copyright © 1999 por
Biblica, Inc.® Usado con permiso de Zondervan. Reservados todos los derechos
internacionalmente.

Las citas bíblicas marcadas «LBLA» son tomadas de la La Biblia de las Americas.
Copyright © 1986, 1995, 1997 por The Lockman Foundation. Usado con permiso.
(www.LBLA.com)

Las citas bíblicas marcadas «RVC» son tomadas de la versión Reina Valera Contemporánea®
Copyright © 2009, 2001 por Sociedades Bíblicas Unidas. Todos los derechos
reservados.

Las citas bíblicas marcadas «RVR» son tomadas de la Reina Valera Revisada® Copyright
© 2009, 2001 por Sociedades Bíblicas Unidas. Todos los derechos reservados.

Las citas bíblicas marcadas «NTV» son tomadas de la Nueva Traducción Viviente®
Copyright © 2008 por Editorial Tyndale, Inc. Todos los derechos reservados.

ISBN: 978-1-942991-10-6

Derechos reservados Editorial RENUEVO

Una producción de:

Editorial RENUEVO
www.EditorialRenuevo.com
info@EditorialRenuevo.com

# Dedicatoria

Estoy orgulloso de poder dedicarle este libro a mi maravillosa esposa, Linda, y a nuestros cuatro grandes hijos: Michelle, Greg, Mike y Dave.

A Linda, por sus oraciones, respaldo y ánimo.

A Michelle, por sus ideas y su apoyo.

A Greg, por su paciencia y sus lecciones de golf.

A Mike, por su ingenuidad y su iniciativa.

A Dave, por su espíritu alegre y el tiempo pasado mirando deportes con papá.

¡Todos ustedes son imparables!

*¡Imparable!*

# Contenidos

## 2da Parte: Mirando hacia afuera

*ix*

# Reconocimientos

Es imposible escribir un libro como este sin la influencia de otras personas. Mis agradecimientos especiales son para tres amigos increíbles:

Roger Bruhn, cuya vida me ha impactado para ser un hombre de carácter e integridad.

Mike Loomis, que me ha motivado a ser un original y mirar hacia el futuro.

Tim Redmond, cuyas palabras siempre dejan algo positivo en mi interior. Me siento honrado de poder haberlo citado varias veces en este libro.

*¡Imparable!*

# Introducción

Hace varios años, yo trabajé para un hombre muy próspero, un multimillonario que se hizo rico gracias a su propio esfuerzo. Él no sólo era próspero, sino que también era un individuo muy «único». Yo no tardé mucho en ver una conexión entre su éxito, su peculiaridad y su determinación.

Yo nunca olvidaré un día que yo estaba hablando con él y se me ocurrió mencionarle que «diferente» era. Él primero respondió de manera defensiva. «¿Qué quieres decir cuando dices que soy diferente?» Como la mayoría de las personas, él pensó que ser llamado único o diferente era un tipo de insulto.

Por suerte, yo tenía una buena relación con mi jefe. Yo expliqué de manera cándida lo que estaba diciendo y por qué lo había dicho. Yo le dije que su «peculiaridad» era un atributo importante para él; que casi cada una de las personas exitosas que yo conocía se hacía notar entre los demás en lugar de mezclarse con el resto. Ellas eran personas imparables por su forma de vivir.

Mientras más lo elogiaba por su originalidad,

más se iluminaban sus ojos y su postura defensiva empezó a desaparecer.

Yo siempre he dicho que uno de los elogios más grandes que puedes recibir es cuando alguien te dice: «¡Tú eres diferente!» Tú debes estar haciendo algo especial, incomparable o hasta raro para escuchar esas palabras.

Por supuesto, yo no te estoy alentando a ti, mi lector, a que seas raro, loco o extraño. Lo que quiero decir es que cuando tú te conviertes en la persona que fuiste creada para ser, la persona que Dios quiso que tú seas, ¡tú te distinguirás! Si tú te niegas a darte por vencido, tú sobresaldrás por encima del resto de la multitud.

Yo sé que tú me has encomendado uno de tus recursos más preciosos – tu tiempo. Te prometo que haré todo lo posible para aprovechar de la mejor manera los minutos que pasaremos juntos. Yo escribí este libro en 52 pepitas de verdad – igual que mi primer libro. Tú no tendrás que leer diez páginas para encontrar un punto; tú encontrarás diez puntos en una página.

Mi oración, mientras tú lees este libro, es que Dios te revele su diseño para ti, que Él despierte lo que ha puesto en tu interior y te haga actuar conforme al gran plan que Él tiene para tu vida. ¡Tú serás imparable!

*¡Imparable!*

# Mirando hacia
# el interior

*¡Imparable!*

## Los ganadores simplemente hacen lo que los perdedores no quieren hacer

Nunca te des por vencido en lo que tú sabes que realmente debes hacer. La persona con sueños grandes es más poderosa que la persona que sólo tiene todos los hechos. Recuerda que el éxito de un día para el otro suele tardar unos diez años. El «hombre de la hora» ha pasado muchos días y muchas noches llegando a ese momento. Muchos han dicho: «Mi éxito de un día para el otro fue la noche más larga de mi vida». Los ganadores simplemente hacen lo que los perdedores no quieren hacer.

Earl Nightingale[1] una vez dijo: «Un muchacho joven le preguntó a un hombre grande y famoso, "¿cómo puedo ser exitoso y ganarme un nombre en el mundo como lo has hecho tú?"». El hombre grande y famoso le respondió: «Tú sólo debes decidir qué quieres y luego ser fiel a eso, nunca desviándote de tu camino por más tiempo que te tarde o por más difícil que sea el camino, hasta lograrlo».

El éxito parece depender principalmente de seguir aguantando cuando los demás ya se han dado por vencido.

En la confrontación entre el arroyo y la roca, el arroyo siempre gana – no a través de la fuerza, sino la perseverancia. Christopher Morley[2] dijo: «Los tipos grandes son sólo tipos chicos que siguen intentando». La perseverancia, la paciencia y el compromiso significan disfrutar la distancia que existe entre las promesas de Dios y Su provisión para tu vida. «El deseo cumplido es causa de alegría» *(Proverbios 13:19 RVC)*. La persistencia quizás tenga sabor amargo, pero su fruto es dulce.

Judas Iscariote, el discípulo que traicionó a Jesús, era un ejemplo de alguien que empezó un esfuerzo bueno de fe pero careció de persistencia. Muchos de los fracasados más grandes del mundo nunca se dieron cuenta de lo que cerca que estaban del éxito cuando se dieron por vencidos. Como dicen en el béisbol, detenerte en la tercera base le suma lo mismo al puntaje que quedar eliminado. El éxito lo medimos con lo que la gente termina, no con lo que empiezan.

El secreto del éxito es empezar con nada y seguir trabajando. «El bambú moso es una planta de bambú que crece en China y partes del oriente lejano. Después de ser plantado, el bambú moso no muestra señas visibles de crecimiento por hasta cinco años – ¡incluso bajo condiciones ideales!

Luego, como si fuera magia, de repente empieza a crecer a un promedio de dos pies y medios por día, ¡alcanzando una altura máxima de noventa pies en menos de seis semanas!

Pero no es algo mágico. El crecimiento rápido del bambú moso se debe a las millas de raíces que desarrolla durante esos primeros cinco años... cinco años de preparación». (Joel Weldon, *The Sower's Seeds*) ¿Esta planta realmente habrá crecido noventa pies en seis semanas, o acaso habrá crecido noventa pies en cinco años? Por supuesto que la respuesta es cinco años. Si en cualquier momento de esos cinco años alguien hubiese decidido dejar de regar, fertilizar y nutrir esas semillas, esa planta de bambú moso se hubiera muerto. Las personas no fracasan, ellas simplemente se dan por vencidas demasiado temprano.

Dios no te abandonará, ¡así que tú no abandones a Dios! «Por lo cual estoy seguro de que ni la muerte, ni la vida, ni los ángeles, ni los principados, ni las potestades, ni lo presente, ni lo por venir, ni lo alto, ni lo profundo, ni ninguna otra cosa creada nos podrá separar del amor que Dios nos ha mostrado en Cristo Jesús nuestro Señor» *(Romanos 8:38-39 RVC).*

Tu persistencia es evidencia de que aún no has sido derrotado. «Tú no tienes derecho a tener ninguna cosa que no hayas buscado, por que la evidencia del deseo está en la búsqueda». *(Mike Murdock[3]).* La Biblia lo dice de esta manera: «Encomienda al Señor tus acciones, y tus pensamientos serán afirmados» *(Proverbios 16:3 RVC).* No hay riqueza mayor en la vida que el compromiso firme. Nadie te lo puede robar. Sólo lo puedes perder de tu propia voluntad. El fracaso te está esperando en el camino de menos resistencia.

El destino del diligente es pararse entre la compañía de líderes. «¿Has visto un hombre cuidadoso en su trabajo? Delante de los reyes estará» *(Proverbios 22:29 RVR).* Cuando ser fiel se hace más difícil, más necesario suele ser. Los momentos difíciles no son el momento adecuado para dejar de intentar. Perdurar es un término militar que significa aguantar con coraje bajo el fuego del enemigo. Cuando tú sientas ganas de

darte por vencido, trae más de Dios a esta
área de tu vida.

**Suelta cualquier cosa que te
haga detenerte.**

*¡Imparable!*

## Un original es difícil de encontrar, pero fácil de reconocer

¿Cuántas de las personas exitosas que tú conoces tienen características únicas y distintivas? Probablemente cada una de ellas. No seas simplemente otro ser viviente. Es muy cierto lo que dijo Eric Hoffer[4]: «Cuando la gente tiene la libertad para hacer lo que quieren, ellos suelen imitarse entre sí mismos». El hombre es la única creación que se niega a ser lo que él es. ¿Por qué será? Yo creo que es porque las personas no quieren aceptar cómo han sido creadas – llenas de debilidades pero también llenas de dones.

No te conformes con simplemente buscar milagros. *Tú* eres un milagro. Tú eres una creación *formidable y maravillosa (Salmo 139:14)*. No te alucines tanto con los demás y empieces a copiarlos. Nadie puede hacer de ti tan efectivamente como tú mismo lo haces. Cuando tú utilizas los dones que tienes, la gente dice que eres una persona dotada. Una de las cosas más difíciles acerca que uno debe enfrentar mientras asciende la escalera del éxito es tener que atravesar la multitud de copias que se acumula en el fondo. ¿Cuántas réplicas sobresalientes conoces?

El número de personas que no aprovecha sus talentos está más que compensado por aquellos que sí aprovechan los talentos que tienen. Tú eres un especialista – un experto en lo que *tú* mejor haces. Tú no fuiste creado para ser todas las cosas para todas las personas. Tú eres el milagro más grande de todo el mundo.

«Seguir el camino de menos resistencia es lo que hace que los hombres y los ríos se tuerzan» *(Larry Bielat[5])*. Más del 90% de todas las flores tienen un olor desagradable o imperceptible . Sin embargo, nosotros queremos y nos acordamos de las flores fragantes. ¡Destácate! Son demasiadas las personas que convierten sus vidas en cementerios al enterrar sus talentos.

No trates de colmar las expectativas de cualquiera salvo Dios. El que copia se adapta a su mundo, pero el original intenta adaptar su mundo a él; por lo tanto, todo progreso depende de los originales. «No adopten las costumbres de este mundo, sino transfórmense por medio de la renovación de su mente, para que comprueben cuál es la voluntad de Dios, lo que es bueno, agradable y perfecto» *(Romanos 12:2 RVC)*.

No se requiere una mayoría para efectuar un cambio; sólo se requieren unos seres originales determinados y una causa buena. Tú eres la única persona, en toda la creación, que cuenta con tus habilidades. Tú eres especial. Tú eres raro, y en la rareza hay un gran valor. Jesús dijo: «Que la luz de *ustedes* alumbre delante de todos, para que todos vean *sus* buenas obras» *(Mateo 5:16 RVC)*. Mientras más seamos como Jesús, más nos convertiremos en la persona que debemos ser.

Dios te ama justo como eres, pero Él te ama demasiado como para dejar que sigas siendo el mismo. Él quiere que tú utilices lo que Él ha puesto en ti. Destácate – no te pierdas en la multitud.. No imites a los demás y no seas como el ave miná[6] que imita a los humanos.

Los líderes son como las águilas; ellas no se juntan en bandada y suelen ser halladas una a la vez. Se más que mediocre, se un águila. «Las águilas suelen volar solas. Los cuervos, las urracas y los estorninos vuelan juntos». *(John Webster[7])*

¿Acaso Hamlet pudiese haber sido escrito por un comité, o la Mona Lisa pintada por un club de pintores? ¿El Nuevo Testamento podría haberse escrito como un reporte de conferencia? Las ideas creativas no nacen de los grupos. Ellas son generadas por individuos. Como dijo A. Whitney Griswold[8]: «La chispa divina salta desde el dedo de Dios al dedo de Adán».

Aunque siempre es difícil hallar una persona original, él o ella es fácil de reconocer. Dios dirige a cada alma de una manera individual. «No existen precedentes: tú eres el primer *tú* que ha existido». *(Christopher Morley[9])* No hay suficiente oscuridad en todo el mundo que pueda apagar la luz que Él ha puesto en ti.

**Tú eres un original.**

## Ninguna cosa significante jamás se ha logrado sin pasión

Dentro de cada persona existe el potencial para estar apasionado. Una persona con pasión es más grande que una fuerza pasiva de 99 personas que tienen sólo interés. Se requiere más que un simple interés para aprovechar la oportunidad más grande que tienes por delante. Demasiadas personas tienen «sólo un interés» en su destino. El libro de Eclesiastés dice: «Todo lo que te venga a la mano para hacer, hazlo según tus fuerzas» *(Eclesiastés 9:10 RVC)*. La atmósfera de tu vida cambia dramáticamente cuando tú sumas entusiasmo.

Todos amamos algo. Nosotros somos formados y motivados por lo que amamos. Es nuestra pasión. Ignora lo que te apasiona y estarás ignorando uno de los potenciales más grandes que Dios ha puesto en ti. ¿Qué te hace palpitar más rápido el corazón? ¿Qué tienes hambre de aprender y de qué quieres aprender más? Qué sueñas hacer?

Qué captura tu atención y tu corazón?

En su gran libro *Yes, Yes Living In A No No World*, mi amigo Neil Eskelin comparte la siguiente cita: «Yo cuento la historia de haber atendido a un banquete de honores de la compañía Chase National Life Insurance Company. El orador en esa ocasión era Napoleon Hill, el famoso autor de *Piensa y Hazte Rico*.

Cuando introdujeron a Hill, fue bastante obvio que su edad ya le estaba pagando facturas. Todos nos preguntamos si este hombre de ochenta años de edad iba a ser capaz físicamente de dar su discurso. (Él falleció poco tiempo después de este evento.)

Napoleon Hill caminó lentamente hacia el podio, puso ambas manos sobre él, miró la audiencia y dijo: «Señoras y caballeros, yo he dado este discurso miles de veces en mi vida. Pero el de esta noche será el mejor de todos. ¡Este será el mejor discurso de mi vida!»

¡Guau! Fue como un relámpago. Yo vi a 300 personas adultas acercarse al borde de sus sillas y absorber cada palabra como una esponja».

El entusiasmo siempre hace que los demás se «paren y presten atención». Ninguna cosa significante jamás se ha logrado sin entusiasmo. La pasión es la chispa que enciende tu mecha.

La mayoría de los ganadores son simplemente ex-perdedores que se apasionaron. La persona más pobre que existe en este mundo es la persona que ha perdido su entusiasmo. Cuando tú le sumas pasión o emoción a una creencia, esta se convierte en una convicción. Existe una gran diferencia entre una creencia y una convicción. La creencia está de acuerdo con los hechos; la convicción le da acción persistente a tu creencia.

Motivado por una convicción apasionante, tú puedes hacer lo que quieras con tu vida – excepto darte por vencido en algo que te importa. Mike Murdock dice: «Lo que genera pasión y entusiasmo en ti es una prueba para revelar tu destino. Lo que tú amas es una prueba que revela algo que está en ti».

Hacer tus sueños realidad en la vida o es una idea apasionante, o no es nada. «Sin pasión el hombre es sólo una fuerza latente y una posibilidad, como el pedernal que espera el golpe del hierro antes de poder emitir su chispa» *(Henri Frederic Ameil[10]).*

Tú primero debes ser un creyente, y después un cumplidor. «Hay muchas cosas que me llaman la atención, pero pocas que me acaparan el corazón. Esas son las que yo decido perseguir» *(Tim Redmond[11]).*

**Deja que la pasión dentro de ti se eleve para alcanzar tu destino.**

## Preguntas poderosas

El año pasado más de un millón de personas compraron un taladro. Lo importante acerca de este dato es lo siguiente: ninguna de estas personas querían un taladro. Todos querían un agujero. Las preguntas son como los taladros; las respuestas son como agujeros. Si tú estás buscando respuestas, las encontrarás al «excavar» con las preguntas correctas.

Tú estás donde estás hoy por causa de las preguntas que tú te has hecho a ti mismo. Para llegar a donde deseas estar, tú debes hacer las preguntas correctas. La diferencia entre la gente exitosa y los que carecen de éxito es que la gente exitosa hace mejores preguntas, y por lo tanto reciben mejores resultados.

Una característica común de la gente exitosa es que todos tienen la habilidad de hacer buenas preguntas. Preguntas de calidad = vida de calidad.

La Biblia dice: «Pidan, y se les dará...
porque todo aquel que pide, recibe» *(Lucas
11:9-10 RVC)*, y también: «No obtienen lo
que desean, porque no piden» *(Santiago 4:2
RVC)*. Y la manera más común de pedir es
hacer una pregunta. La mejor manera para
*tener* y *recibir* es hacer preguntas.

Recuerda, no son sólo las preguntas que
tú haces, sino también las preguntas
que *no* haces, las que forman tu destino.
Las respuestas más importantes de
la vida se encuentran al hacer las
preguntas correctas.

¿Quién lo dijo? (una pregunta importante
que debemos hacer con todo lo que creemos).

¿Haces promesas o compromisos?

¿Haces amigos antes de necesitarlos?

¿Dios te parece estar lejos de ti? Si es así,
¿quién se apartó de quién?

¿Quién está creando tu mundo?

¿Tienes una voluntad fuerte para hacer o
para no hacer?

La última vez que fracasaste, ¿dejaste de

intentar porque fracasaste, o fracasaste porque dejaste de intentar?

¿Cómo es ser amigo tuyo?

¿Cómo es trabajar contigo?

¿Estas viviendo para trabajar o trabajando para vivir?

Si las futuras generaciones dependieran de tu conocimiento espiritual, ¿cuánto recibirían de ti?

¿Arriesgas lo suficiente para ejercitar tu fe en Dios?

¿Dices «Padre nuestro» el domingo y luego actúas como huérfano durante el resto de la semana?

¿Estás dispuesto a predicar lo que practicas?

¿El fracaso te desanima o te da determinación?

¿Estás existiendo o viviendo?

¿Dios es tu esperanza o tu excusa?

¿Cuántas personas te han hecho querer conocer mejor a Dios?

¿Has cumplido tu misión en esta tierra?

¿Cuántas personas egoístas y contentas conoces?

¿Cuántas personas conoces que tuvieron éxito en algo que ellos odian?

¿Cuál fuerza es más poderosa que el amor?

«¿Hay algo demasiado difícil para el Señor?» *(Génesis 18:14)*

Si te arrestaran por ser amable, ¿habría suficiente evidencia para condenarte?

¿Qué puede ser más miserable que estar fuera de la voluntad de Dios?

## La preocupación nunca cambia nada – excepto al preocupado.

El gran evangelista Billy Sunday una vez dijo: «El temor golpeó mi puerta. La fe respondió... y no había nadie ahí». ¡Esa es la respuesta correcta hacia el temor!

¿Por qué al temor le gusta tomar lugar de la fe? Ambos tienen mucho en común – ambos creen que lo que no puedes ver ocurrirá. La fe termina donde la preocupación comienza; la preocupación termina donde la fe empieza. Las peores cosas que nos podemos imaginar casi nunca ocurren, y la mayor parte de las preocupaciones mueren mientras siguen anticipando en vano. Alice Caldwell Rice[12] dijo: «No sirve de nada abrir el paraguas hasta que no empiece a llover».

Lo que tú temes del día de mañana aún no ha llegado. Por qué tener miedo de un día que jamás has visto? Henry Van Dyke[13] dijo: «Algunas personas tienen tanto miedo de morir que ellos nunca empiezan a vivir».

Hay otro dicho que dice: «La preocupación es la sala oscura donde se desarrollan los negativos». Como un sillón hamaca, la preocupación te sigue moviendo sin llevarte a cualquier parte. Si no puedes dejar de preocuparte, recuerda que preocuparte tampoco te ayudará. Un amigo una vez me dijo: «No me digas que preocuparse no hace bien. Ya me he dado cuenta que las cosas que me preocupan nunca ocurren».

Muchas de las personas que están preocupándose por el futuro deberían estar preparándose para él. El temor te previene de ejercitar el músculo del riesgo. Cuando sufres el robo de la preocupación, siempre es un robo que se lleva a cabo con ayuda interna.

La mayoría de nuestros temores pueden remontarse al temor del hombre. Pero la Biblia nos dice: «El Señor es mi luz y mi salvación; ¿a quién podría yo temer?» *(Salmos 27:1 RVC).* «Confío en ti, mi Dios, y no tengo miedo; ¿qué puede hacerme un simple mortal?» *(Salmos 56:4).* La gente debería preocuparse menos por lo que los otros piensan de ellos – especialmente si supieran lo poco que los otros piensan de ellos. Ellos no están pensando en ti; ¡ellos están preguntándose qué estarás pensando tú de ellos!

Deja de preocuparte sobre lo que los otros están pensando. No están pensando lo que tú piensas que están pensando. Hacer esto genera dudas, luego temor y después preocupación. La mayoría de las personas le creen a sus dudas y dudan de sus creencias. En vez de hacer esto, haz como dice el viejo refrán y «alimenta tu fe y mira como tus dudas se mueren de hambre». Muchas personas están tan llenas de temor que ellas básicamente se pasan la vida escapándose de cosas que no les están persiguiendo. Temer el futuro es desperdiciar el presente.

No temas el día de mañana; Dios ya está ahí. «Nunca tengas miedo de confiarle un futuro desconocido a un Dios conocido» *(Corrie Ten Boom[14]).*

Sigue el consejo de Howard Chandler[15] que dijo: «Cada mañana yo paso quince minutos llenando mi mente con Dios; y así no sobra lugar para los pensamientos preocupantes». Un famoso poema viejo publicado en *The Prairie Pastor* lo explicó de la mejor manera posible:

> *El petirrojo le dijo al gorrión:*
> *«Me gustaría saber por qué*
> *Estos humanos ansiosos*
> *Andan tan apurados y preocupados».*

*El gorrión le respondió al petirrojo:*
*«Amigo, yo creó que será*
*Porque ellos no tienen un Padre Celestial*
*Que los cuide como tú y yo».*

**Ataca el temor. Entra en acción.**

PEPITA 6

## *Ahora es el mejor momento*

Sabes por qué esta página es importante? Esta página es el trampolín hacia tu futuro. Es un punto de partida para llegar a cualquier lugar en el mundo. Tú puedes empezar aquí y llegar a cualquier lugar que tú quieras ir.

Dios ha puesto en cada uno de nosotros el potencial y la oportunidad para tener éxito. Sin embargo, se requiere la misma cantidad de esfuerzo y energía para vivir una mala que para una buena. Es más, hay millones de personas que viven vidas sin dirección en una cárcel que ellos mismos se han construido – simplemente porque ellos no han decidido qué quieren hacer con sus vidas. Siempre nos cuesta más *no* hacer la voluntad de Dios que hacerla. De hecho, «mucha gente confunde las malas decisiones con el destino» *(Kin Hubbard[16])*.

Cuando tú aceptas el diseño original de Dios para tu vida, tú brillas como una estrella en la noche. Cuando tú eliges ser una imitación, tú eres como la oscuridad de la noche. Tú puedes pronosticar el futuro de una persona al evaluar su conciencia de propósito. La carga más difícil de la vida es no tener algo que cargar. El significado de cualquier persona está determinado por la causa por la cuál él vive y el precio que él está dispuesto a pagar.

¿Cómo te gustaría pasar dos años haciendo llamadas de teléfono a gente que no está en su hogar? Te parece absurdo? Según un estudio acerca del manejo de tiempo, esa es la cantidad de tiempo que una persona común pasa intentando devolverle llamadas a gente que nunca parece estar en casa. No sólo eso, además pasamos seis meses esperando que la luz del semáforo cambie a verde, y otros ocho meses leyendo correo basura. Estas estadísticas raras deberían motivarnos a «contar nuestros días» como nos dice la Biblia *(Salmos 90:12)*.

No desperdicies una de tus comodidades más preciosas – el tiempo. Cada minuto es un regalo irrecuperable, una parte de la historia irredimible. ¡Se consciente de que *ahora* es el mejor momento para hacer lo que tienes que hacer!

Lo que tú decides hacer en tu corazón determinará cómo pasarás el resto de tu vida. Por lo tanto, déjate dirigir por la convicción, no por el ego. «Aprender a alabar a Dios después de la respuesta es obediencia. Aprender a alabar a Dios antes de la respuesta es fe. La obediencia es buena, pero la fe mueve a Dios» *(Bob Harrison[17])*. La fe edifica un puente entre este mundo y el siguiente. Antes de escalar las alturas deberás pasar por las profundidades.

No hay ningún viento que sople a favor de un barco sin destino. Una persona sin propósito es como un barco sin timón. Una persona que no está viajando a ningún lugar en particular puede estar segura de llegar a su destino. Que tu vida no esté a la deriva – acepta tú llamado y ve tras él.

Dios no planta ningún deseo en tu corazón que Él no planeé satisfacer. Lamentablemente, nosotros desconfiamos demasiado de nuestro propio corazón, y no desconfiamos suficiente de nuestra propia cabeza. Jesús, un hombre de propósito, lo dijo así: «Yo para esto he nacido, y para esto he venido al mundo: para dar testimonio de la verdad» *(Juan 18:37)*. Es mejor morir por algo que vivir por nada.

**¡Ponte en marcha!**

*¡Imparable!*

## Si *no te estás equivocando, no estás arriesgando lo suficiente*

Alguna vez te has equivocado o has cometido un error? Que bien, porque esta pepita es para ti. El hecho de que has fracasado es prueba de que aún no has acabado. Es más importante que te hayas levantado que el simple hecho de haberte caído. Los fracasos y los errores pueden ser un puente – no un obstáculo – hacia el éxito.

Salmos 37:23-24 nos dice: «El Señor dirige los caminos del hombre cuando se complace en su modo de vida. Si el hombre cae, no se queda en el suelo porque el Señor lo sostiene de la mano» *(RVC)*. El fracaso quizás parezca un hecho concreto, pero es sólo una opinión. Lo que marca la diferencia no es lo bajo que has caído, sino la altura que has alcanzado tras rebotar.

La gente exitosa cree que los errores son simplemente críticas y comentarios. Tú puedes aprender algo de todo. Tú eres como una bolsita de té – ¡no vales mucho hasta que no hayas pasado por un poco de agua caliente!

Una maestra le dijo a su clase de jóvenes que le pidieran a sus padres una historia familiar con alguna enseñanza moral, y que volvieran al día siguiente para contar sus historias.

En la sala de clases el día siguiente, Joe fue el primero en presentar su cuento: «Mi padre es un campesino y nosotros tenemos gallinas. Un día, nosotros estábamos llevando huevos al mercado en una canasta en el asiento delantero del camión cuando de repente pasamos por un bache en la ruta. La canasta se cayó y todos los huevos se rompieron. La moraleja de esta historia es no guardar todos los huevos en una sola canasta».

«Muy bien», dijo la maestra.

Luego fue el turno de Mary, diciendo: «Nosotros también somos campesinos. Nosotros teníamos veintiún huevos que estaban a punto de nacer, pero después de romper el cascarón, sólo tuvimos diez pollitos. La moraleja de esta historia es no contar tus pollitos antes de que hayan nacido».

«Muy bien», volvió a decir la maestra,

muy contenta con las respuestas de los estudiantes.

Luego llegó el turno de Barney para contar su historia. «Mi papá me contó esta historia acerca de mi tía Karen. La tía Karen fue una ingeniera de vuelo durante la guerra y su avión fue dañado. Ella tuvo que lanzarse en paracaídas sobre territorio enemigo y lo único que ella tenía era una botella de whisky, una ametralladora y un machete».

«Cuéntanos más», dijo la maestra, intrigada por saber más.

«La tía Karen se tomó el whisky mientras iba cayendo para prepararse; ella luego cayó justo entre cien soldados enemigos. Ella mató a setenta con su ametralladora hasta quedarse sin balas. Después ella mató a veinte más con el machete hasta que el filo se quebró. Y después mató a los últimos diez con sus manos».

«Madre mía», dijo la maestra horrorizada. «¿Cuál fue la moraleja que tu padre te dijo acerca de esta historia espantosa?»

«No te acerques a la tía Karen cuando ella ha estado tomando...»

Theodore Roosevelt[18] dijo: «Es mucho mejor atreverse a hacer cosas grandes, a ganar triunfos gloriosos, aunque fracasemos... que pararnos entre esas almas pobres que ni disfrutan mucho ni sufren demasiado, porque ellos viven en un crepúsculo gris que no conoce ni victoria ni derrota». Una de las cosas más arriesgadas que puedes hacer en la vida es tomar demasiadas precauciones y nunca tener ningún fracaso o error.

El fracaso en realidad es una oportunidad para volver a empezar con más inteligencia. «Ningún hombre ha logrado éxito duradero sin haberse encontrado, en algún momento u otro, cerca del precipicio del desastre». Si tú has intentado algo y fracasaste, ya estás en una posición mucho mejor que si no hubieses intentado nada y triunfado. La persona que nunca comete un error debe estar muy cansada de no hacer nada.

Vernon Sanders[19] dice: «La experiencia es una maestra dura porque ella primero da la prueba, y luego la lección». La experiencia del fracaso, o un error, siempre hace que una persona se mejore o se enoje. La decisión es tuya. La buena noticia es que Dios no tiene planes que acaban en fracaso.

El éxito estriba en levantarse una vez más

de las que te has caído. «Uno no se ahoga por caer al agua; uno se ahoga por quedarse allí», dijo el autor Edwin Louis Cole. Así que levántate y anda. Proverbios 28:13 nos dice: «El que encubre sus pecados no prospera; el que los confiesa y se aparta de ellos alcanza la misericordia divina» *(RVC)*.

La mejor manera para salir adelante es aprender la lección y olvidar los detalles. Tu sueño no morirá por causa de un solo fracaso. Si muere será por la indiferencia y la apatía. Tú debes superar los fracasos y los errores al encontrar a Dios entre ellos. «Él estará contigo, y no te dejará ni te desamparará. No temas ni te intimides» *(Deuteronomio 31:8 RVC)*.

El fracaso puede convertirse en una carga, o te puede dar alas. La única manera para recuperarte de el es seguir adelante. Si decimos la verdad, el noventa y nueve por ciento del éxito nace de fracasos previos.

Un error es prueba de que alguien dejó de hablar lo suficiente como para hacer algo. Recuerda el viejo poema que dice:

*«El éxito es el fracaso dado vuelta –*
*El destello brillante de las nubes*
*de dudas,*

*Y nunca puedes saber lo cerca que estás de él,*
*Puede estar cerca cuando parece estar tan lejos.*
*Así que sigue luchando cuando más fuerte te han pegado,*
*Y cuando las cosas peor parezcan,*
*Es ahí donde no debes darte por vencido.»*

*(Autor desconocido)*

**Tú eres un ex fracaso con todas las señas de un éxito.**

## Nade muere más rápido que una idea nueva en una mente cerrada

Cómo te posicionas para recibir es lo que marca la diferencia. Por ejemplo, mientras lees este libro, si tú te *«posicionas para recibir»*, diciendo: «Yo haré lo que sé que debo hacer», tú te beneficiarás más que si sólo lo leyeras para ser motivado o inspirado. La acción nace no del pensamiento, sino de estar preparado para la responsabilidad. *(Dietrich Bonhoeffer)* Ponte en posición para estar preparado para la responsabilidad.

Yo he conocido a un sin fin de personas que eran unos almacenes excelentes de conocimientos, pero que sin embargo jamás tuvieron una idea notable. Como dice J. Oswald Sanders[20]: «Los ojos que miran son común. Los ojos que ven son raros». El problema es que estamos inundados con información y sedientos de revelación.

Tú no puedes ver el amanecer mirando hacia el oeste. Cada día nosotros decidimos resistir o recibir. Nada muere más rápido que una idea nueva en una mente cerrada. «Es imposible que un hombre aprenda algo que él ya piensa que sabe». *(Epicteto[21])*

Algunas personas ven el bien, otros ven sólo el mal. Charles Francis Adams, nieto de John Adams e hijo de John Quincy Adams, fue un senador estatal de Massachusetts, miembro del Congreso americano, y embajador a Gran Bretaña bajo Abraham Lincoln. Él también era muy meticuloso para escribir en su diario personal y motivaba a sus hijos para que hicieran lo mismo.

Henry Brooks Adams, el cuarto de siete hijos, siguió el consejo de su padre y empezó a escribir en un diario desde chico. Cuando él tenía ocho años de edad y después de haber pasado un día junto a su padre, él escribió:

«Hoy fui de pesca con mi padre, el día más glorioso de mi vida». De hecho, el día fue tan glorioso que Brooks siguió hablando y escribiendo acerca de ese día en particular por los próximos treinta años. Fue en ese momento que a Brooks se le ocurrió comparar las entradas de su diario con las de su padre.

En la entrada de ese día, Charles había escrito lo siguiente: «Fui a pescar con mi hijo, un día desperdiciado».

Hay bendiciones que te llegan o te pasan de largo cada día. Nunca estés tan ocupado que no puedes prestar atención. Estar disponible es la habilidad más grande que tú tienes. El mal tiembla cuando oye al siervo más débil de Dios decir: «Yo haré lo que Tú me digas que haga, Señor». Cuando miras a Dios, tú le estás dando la espalda a todo lo que pueda detenerte. Nunca le cedas el control de tu vida a nada salvo la fe.

Resistir o recibir es una opción. Tú verás evidencia de Dios por todas partes, o en ningún lugar – dependiendo de cómo te prepares a ti mismo. Tú camino al éxito comienza con la palabra: «¡Sigue!» y acaba con la palabra: «¡Ve!».

Nosotros por lo general vemos las cosas no como son, sino como nosotros somos. En demasiadas ocasiones, nuestras mentes están aferradas a cierto camino. Estamos buscando el color rojo, así que ignoramos el azul; estamos pensando en mañana, pero Dios nos está diciendo ahora; estamos buscando en todas partes, pero la respuesta está en plena vista.

Las oportunidades te caerán en la falda si tú tienes una área en tu falda donde pueden caer. Cuando tú no te posicionas para recibir, es como si estuvieras orando para recibir mucho, pero con sólo una copa en la mano. Cuando uno está bien posicionado para recibir, uno está preparado para recibir todo lo que Dios tiene para él.

**Posiciónate hacia lo positivo.**

PEPITA
9

*Un sueño es la cosa más apasionante que existe. La persona con imaginación jamás está sola y nunca ha terminado.*

Tú debes verte a ti mismo no como una botella vacía que aún le falta ser llenada, sino como una vela que está a punto de ser encendida. Tú fuiste creado para ser creativo. Tus ojos buscan oportunidades, tus oídos escuchan direcciones, tu mente requiere un desafío y tu corazón anhela el camino de Dios. Tu corazón tiene ojos que tu cerebro no conoce.

Haz una demanda diaria de tu creatividad. Todas las cosas empiezan siendo un sueño de alguien. Todos los hombres de acción son antes que todo soñadores. La maravilloso de la imaginación es esto: tiene el poder para encender su propio fuego. La habilidad es una llama; la creatividad es un fuego. Los líderes ven las cosas con una visión fresca. A diferencia de un avión, tu imaginación puede despegar de día o de noche, en cualquier tipo de clima o circunstancias. ¡Así que déjala volar!

Un genio es alguien que le dispara a algo que nadie más ve, y le pega. A nosotros nos suelen decir que nunca crucemos un puente hasta llegar a él, pero este mundo le pertenece a aquellos que han «cruzado puentes» en su imaginación mucho antes que el resto de la multitud. *(Speakers Library)* Nuestro desafió es observar el futuro y actuar antes de que ocurra.

Muchas veces nosotros actuamos, o no actuamos, no por causa de la «voluntad», como muchos suelen creer, sino por la imaginación. Nuestros sueños son un indicador de nuestra grandeza potencial; nosotros sabremos cuando son enviados por Dios porque nos llegarán con la fuerza de una revelación.

Una abuela vio a su nieto Billy corriendo alrededor de la casa dándose golpes y ella le preguntó por qué lo hacía. Billy le respondió: «Me cansé tanto de caminar que decidí subirme a mi caballo por un rato». Un día Miguel Ángel vio un bloque de mármol que según su dueño no tenía ningún valor. Miguel Ángel dijo: «Para mí tiene valor. Hay un ángel encarcelado dentro de él y yo debo liberarlo».

Otras personas quizás sean más inteligentes, mejor educadas, o tengan más experiencia que tú, pero ninguna persona es dueña exclusiva de los sueños, el deseo o la ambición. Una idea pequeña como una bellota puede crear mil bosques de oportunidades. Nosotros debemos observar el futuro y actuar antes de que ocurra. Woodrow Wilson[22] dijo: «Ningún hombre que no ve visiones podrá alguna vez lograr cosas grandes o ambiciosas».

La Biblia nos dice: «Cuando no hay visión, el pueblo se desvía» *(Proverbios 29:18 RVC)*. Ese no es lo mejor que Dios tiene para ti. La insatisfacción y el desánimo no son causados por la falta de cosas, sino por la falta de visión. No ser una persona de imaginación hace que tu vida sea menos de lo que fue diseñada para ser.

La persona con imaginación y creatividad jamás está sola y nunca está acabada.

**Hay una idea creativa dentro de ti que está esperando ser liberada.**

*¡Imparable!*

## Cada logro, grande o pequeño, comienza con una decisión

Mi amigo Bob Harrison compartió esta historia: «Una chica egipcia recibió una cirugía para remover una segunda cabeza con la cual ella compartía una arteria de sangre principal. Esta chica había nacido con un defecto raro que ocurre cuando un embrión empieza a separarse para formar mellizos idénticos, pero el proceso no llega a completarse, dejando un mellizo no desarrollado en el vientre».

«Tener dos cabezas no es un problema tan raro como muchos pensarían. Yo me he encontrado con muchas personas que sufren de esta aflicción. Sin embargo, su problema no está en el ámbito físico, sino en lo mental. Ellos tienen dos mentes con respecto a lo que es y no es realmente importante para ellos y para su futuro».

La Biblia nos dice que «quienes titubean son inconstantes en todo lo que hacen» *(Santiago*

*1:8 RVC).* Yo conozco a personas que tienen hasta tres o cuatro mentes. Yo no sé qué son. Lo que causa dificultades entre las personas no son las diferencias – es la indiferencia. Lo cierto es que este mundo es un mundo beige. La gente es tan tímida, insegura, corriente y carecen de compromiso. Todo a nuestro alrededor, los tontos parecen estar creciendo sin que nadie los riegue. Hay tantas personas que se pasan todas sus vidas fracasando y ni siquiera se dan cuenta de ello.

Elije ser la persona más decisiva que conoces. ¡Vive una vida decisiva e incondicional! Cómo puede el Señor guiar a un hombre si él no ha decidido hacia dónde quiere ir? La mayoría de nosotros somos responsables por todo el bien que *no* hicimos. «El hombre común no sabe qué hacer con esta vida, pero sin embargo quiere otra que durará para siempre», dijo Anatole France[23].

Las personas más tristes son aquellas que nunca pueden tomar una decisión. Jamás podemos decir que un hombre indeciso es dueño de sí mismo. No te preocupes de no hacer una decisión; si tú esperas suficiente tiempo, alguna otra persona la hará por ti. Tú no podrás crecer mientras otras personas están tomando tus decisiones. Una persona indecisa es como un hombre ciego recorriendo una sala oscura en búsqueda de un gato negro que no está ahí.

El diablo es el único que puede usar a un hombre neutral. Jesús dijo en Mateo 12:30: «El que no está conmigo, está contra mí; y el que no recoge conmigo, desparrama» *(RVC)*. No decidir es una decisión. No se requiere una decisión para ir al infierno. La gente que demanda neutralidad en cualquier situación no son realmente neutrales, sino que están a favor de que las cosas no cambien. «Desconfía del hombre que piensa que todo es bueno, del que piensa que todo es malo y aún más de aquel que es indiferente hacia todo», dice Larry Bielat.

Enfrenta todos los problemas y las oportunidades en tu vida con una decisión. Por falta de un poco de decisión se puede desperdiciar una gran cantidad de talento. Gordon Graham dice: «La decisión es un cuchillo filoso que hace cortes limpios y rectos; la indecisión es un cuchillo desafilado que da hachazos y deja bordes irregulares».

La indecisión paralizará el fluir de tu fe. Y la fe requiere una decisión antes de poder funcionar. Cada logro, grande o pequeño, comienza con la decisión. «No todo lo enfrentado puede ser cambiado. Pero nada

puede ser cambiado sin ser enfrentado».
(James Baldwin)

«Si ustedes no creen esto, tampoco permanecerán» *(Isaías 7:9 RVC)*. «Y si el toque de trompeta resulta incierto, ¿quién se alistará para el combate?» *(1 Corintios 14:8 RVC)*. Tú tendrás la fundación equivocada y no sabrás qué hacer si eres indeciso.

Sigue siendo indeciso y nunca crecerás. Para salir de donde estás, tú debes decidir dónde te gustaría estar. La decisión determina el destino.

## ¿Cuál es una decisión que tú debes tomar?

## Usa lo que tienes, donde estás

Dios ya te ha dado lo que necesitas para empezar a crear tu futuro. La mayoría de nosotros, en algún momento u otro, hemos dicho: «Si yo tan sólo tuviera esto... si esto fuera diferente... o si yo tuviera más dinero... entonces podría hacer lo que Dios quiere que yo haga». Mientras tanto, nosotros hemos estado ignorando las oportunidades que están a nuestro alcance. La gente siempre exagera la importancia de las cosas que no tienen. Dios jamás te pedirá algo que tú no le puedes dar. «¿Así que por dónde puedo empezar?», tú te estarás preguntando. Él quiere que empieces con lo que Él ya te ha dado.

John Wooden, quizás el entrenador más grande de todos los tiempos, dijo: «No dejes que lo que no puedes hacer te impida hacer lo que sí puedes hacer». La pereza prolongada paraliza la iniciativa. Para la mente vacilante y titubeante, todo es imposible por que *parece* serlo. «No esperes circunstancias extraordinarias para hacer algo bueno; trata de usar situaciones comunes». *(Charles Francis Richter)* Nosotros no necesitamos *más* fuerza, *más* habilidad o *más* oportunidades.

«El encanto de lo difícil y lejano es engañoso. La gran oportunidad está donde tú estás», dijo John Burroughs[24]. Lo que tú puedas hacer ahora mismo es la única influencia que tú tienes sobre tu futuro. Nadie está realmente feliz hasta que no ha aprendido a disfrutar lo que tiene y no preocuparse por lo que no tiene. La verdadera grandeza estriba en ser grande en las cosas pequeñas. No te quejes porque no tienes lo que quieres; se agradecido de que no te haya llegado lo que te mereces.

Walter Dwight dijo: «"Debemos hacer algo" es el refrán unánime. 'Empieza tú' es la respuesta entumecedora».

Tú *puedes* hacer todo lo que debes hacer. Empieza por donde estás. No te quedes donde estás. Nadie puede estar feliz sin aprender a usar lo que tiene y no preocuparse por lo que le falta. La felicidad jamás le llega a aquellos que no pueden apreciar lo que ya tienen. La mayoría de las personas hacen el error de buscar en la distancia cosas que están cerca.

Aprovecha al máximo lo que tú ya tienes, sin importar las circunstancias, y verás a Dios moverse a tu favor. Hace muchos años, un a mujer recibió una llamada de teléfono anunciándole que su hija esta muy enferma de fiebre. Ella se fue del trabajo y paró en una farmacia para comprar medicamentos. Al volver a su auto descubrió que estaba cerrado y sus llaves estaban adentro.

Ella tenía que volver a su casa y a su hija enferma, pero no sabía qué hacer. La mujer llamó a la casa para hablar con la niñera y ella le informó que su hija estaba empeorando. La niñera le dijo: «A lo mejor puedes encontrar una percha y usar eso para abrir la puerta».

La mujer encontró una percha vieja y oxidada en suelo, como si alguna otra persona también hubiera encerrado sus llaves en su auto. Ella luego miró la percha y dijo: «No sé cómo usar esto».

Ella inclinó su cabeza y le pidió ayuda a Dios. Justo en ese momento se acercó un auto viejo y oxidado, manejado por un hombre sucio y barbudo, con un casquete de motociclista en la cabeza. La mujer pensó: «¿Esto es lo que me has enviado para ayudarme, Dios?» Pero ella estaba desesperada – y agradecida.

El hombre se bajó de su auto y le preguntó si le podía ayudar. Ella le respondió: «Si, mi hija está muy enferma. Necesito volver a mi casa».

«Por favor, ¿puede usar esta percha para abrir mi auto?»

Él le contestó: «Sí, seguro». El hombre se acercó al auto y en sólo unos segundos, la puerta del auto quedó abierta.

La mujer abrazó al hombre y entre lágrimas le dijo: «Muchas gracias... usted es un hombre muy amable».

El hombre le respondió: «Mire señora, yo no soy un hombre bueno. Recién acabo de salir de la cárcel por robo de autos».

La mujer abrazó al hombre otra vez más y en voz alta dijo: «¡Gracias Dios por haberme enviado un profesional!»

La Biblia dice en Eclesiastés 11:4: «El agricultor que espera el clima perfecto nunca siembra» *(NTV)*. Todos deben remar con los remos que han recibido. Uno nunca consigue hacer mucho a menos que uno decida hacerlo de una vez sin estar preparado. Nadie jamás ha tenido éxito en

algo después de haber esperado que todas
las condiciones estuvieran perfectas antes
de empezar.

«No desperdicies tu vida con dudas y
temores: esfuérzate con el trabajo que tienes
por delante, confiando en que un trabajo
bien hecho en este momento será la mejor
preparación para las horas o las épocas que
le seguirán». *(Ralph Waldo Emerson)* «Crece
donde has sido plantado. Empieza a coser y
Dios te dará el hilo». *(Proverbio alemán)*

**Sólo hazlo... con lo que tienes.**

*¡Imparable!*

## La procrastinación es la tumba donde está enterrada la oportunidad

¡El momento más importante de tu vida es ahora mismo! No permitas que las dudas y la procrastinación te mantengan alejado de tu destino. La procrastinación es el síntoma; el temor es el problema.

Se celoso de tu tiempo, es tu tesoro más valioso. «Las ideas tienen una vida útil corta. Tú debes aprovecharlas antes de su fecha de vencimiento» *(John C. Maxwell)*. «La procrastinación es el arte de estar al día con el día de ayer» *(Don Marquis)*. «Aunque estés en el camino correcto, te atropellarán si te quedas parado» *(Will Rodgers)*. Postergar una cosa simple la convierte en algo difícil y postergar una cosa difícil la hace imposible. Cualquier decisión de evitar una prioridad está seguida por desánimo.

La obediencia es el método de provisión de Dios para tu vida. «Si ustedes quieren y me hacen caso, comerán de lo mejor de la tierra» *(Isaías 1:19 RVC)*. El acto de fe que Dios te lleva a hacer desencadena recursos divinos. Obediencia significa *de inmediato*; trae bendiciones. La obediencia demorada es desobediencia.

Hoy es el día para empezar. Siempre es demasiado temprano para detenerse. Nuestro trabajo no es intentar entender por qué; nuestro trabajo es simplemente hacer lo que Dios dice. La manera más rápida para «salir del hueco» es obedecer a Dios. Dios te ha revelado una idea hoy por una razón. «Es necesario obedecer a Dios antes que a los hombres» *(Hechos 5:29 RVC)*. Elegir obedecer a los hombres es lo que nos previene obedecer a Dios con rapidez. Lo que todos necesitamos es un reloj despertador que suena cuando es tiempo de despertarnos en el momento adecuado.

¿Por qué no saltamos a las oportunidades con la misma rapidez con la cual saltamos a conclusiones? La procrastinación es la tumba donde está enterrada la oportunidad. Es probable que cualquiera que se jacta de lo que hará mañana estuvo haciendo lo mismo ayer. Muy pocas cosas son más peligrosas para el carácter de una persona que no tener nada que hacer, y mucho tiempo para hacerlo. Matar tiempo no es un acto de asesinato; es un acto de suicidio. Hay dos cosas que le roban la paz mental a la gente: el trabajo incompleto y el trabajo no comenzado.

La oportunidad se suele perder al deliberar. «Las buenas resoluciones son como bebés llorando en la iglesia. Uno debe actuar con ellos de inmediato» *(Charles M. Sheldon*[25]*).* Ataca cualquier desafió ni bien lo veas, porque cuanto más lo observes, más grande te parecerá. Mientras más perezoso sea un hombre, más hará el día de mañana. «La tragedia de la vida no es que termina tan pronto, sino que nosotros esperamos tanto para empezarla» *(W. M. Lewis).*

Cuanto más nos tarde actuar sobre la dirección de Dios, menos clara será. Sé rápido para obedecer y actúa sin demorarte.

Erase una vez, el Diablo decidió destruir el mundo. Él llamo a todos sus demonios para formular los planes. El Enojo vino primero y pidió que se le permitiera llevar a cabo su plan de crear conflicto entre hermanos. Él primero haría que la gente se enojara entre sí mismos y luego ellos mismos se destruirían.

Luego llegó la Lujuria y ofreció su ayuda. Ella arruinaría las mentes; haría desaparecer el amor y convertir personas en bestias. Después vino la Avaricia y ofreció destruir la humanidad con la pasión más destructiva de todas: los deseos descontrolados.

La Pereza, el Odio, el Celo y la Envidia se presentaron y cada uno de ellos proclamó que podía hacerlo. Pero el Diablo no estaba satisfecho con cualquiera de ellos.

Luego apareció el último asistente. Él dijo: «Yo le hablaré a las personas y las convenceré de todo lo que Dios quiere que ellas sean. Yo les diré lo bueno que son sus planes de ser honestos, limpios y valientes. ¡Yo los animaré a que sigan los propósitos buenos de la vida!»

El Diablo quedó horrorizado ante ese tipo de palabras. Pero luego su asistente continuó su discurso: «Yo les diré que no hay ningún apuro. Que ellos podrán hacer todo esto mañana. ¡Yo les aconsejaré que esperen hasta que las condiciones sean más favorables para empezar!» El Diablo le respondió: «¡Tú eres el que irá a la tierra para destruir a la humanidad!» Ese asistente se llamaba Procrastinación.

**Mata la procrastinación, no el tiempo.**

## Tú no eres insignificante

No hay tal cosa como una persona no importante. Nunca veas tu vida como si Jesús no hubiese hecho nada por ti – así te hizo Dios. Hasta una estrella pequeña brilla en la oscuridad a millones de kilómetros de distancia. «El primero y peor fraude de todos es engañarse a uno mismo. Todos los pecados son fáciles Después de eso» *(Pearl Bailey)*.

Demasiadas personas nunca empiezan a hacer lo que Dios quiere que hagan porque ellos están esperando cantar como Sandi Patti, predicar como Billy Graham, o escribir como Max Lucado. Usa los talentos que posees; el bosque estaría muy silencioso si sólo las mejores aves que mejor cantan cantaran.

«Toda la historia es un registro del poder de las minorías, y de las minorías de uno» *(Ralph Waldo Emerson[26])*. Si tú planeas de forma deliberada ser menos de lo que eres capaz de ser, tú estarás frustrado por el resto de tu vida.

Ve a los demás en esta misma luz. Cada persona es valiosa y preciosa. «Cada persona que tú conoces sabe algo que tú no sabes; aprende de ellos» *(Bill Nye)*. En nuestra propia manera, cada uno de nosotros hemos sido creado para triunfar y hemos recibido las semillas de la grandeza. ¿Qué es la grandeza? ¿Qué es triunfar? Es hacer lo que tú sabes que debes hacer y estar donde tú sabes que debes estar.

Dios te ha hecho especial por un propósito. Él tiene una tarea para ti que ninguna otra persona puede hacer tan bien como tú. De los billones de personas que aplicaron, tú eres el mejor calificado. Tú tienes la combinación correcta de lo que necesitas. Dios le ha dado a cada persona la cantidad de fe necesaria para hacer lo que Él le ha llamado a hacer. Cada persona tiene un don.

Una persona nunca llega a ser lo que debe ser hasta que no esté haciendo lo que debería estar haciendo. Dios nos hace responsables no sólo de lo que tenemos, sino también de lo que podríamos tener; no sólo por lo que somos, sino por lo que podemos ser. El hombre tiene la responsabilidad ante Dios de convertirse en lo que Dios ha hecho posible que él llegue a ser.

Tu vida hace una diferencia. Aunque todos somos diferentes, no hay nadie que sea insignificante. Cuando llegue el día del Juicio Final, Dios no me preguntará por qué yo no fui Josué (un líder del pueblo de Dios mencionado en el Antiguo Testamento de la Biblia), Billy Graham, o Pat Robertson. Él me preguntará por qué yo no fui John Mason. Jerry Van Dyke acertó al decir: «El mejor rosal no es el que tiene menos espinas, sino el que produce las mejores rosas».

**Tú eres la mejor persona para hacer lo que Dios te ha llamado a hacer.**

*¡Imparable!*

.

## No seas tu propio peor enemigo

¿Qué piensa Dios acerca de tu futuro? Nosotros podemos encontrar la respuesta en el libro de Jeremías 29:11: «Sólo yo sé los planes que tengo para ustedes. Son planes para su bien, y no para su mal, para que tengan un futuro lleno de esperanza» *(RVC)*. Todo lo que somos, lo bueno y lo malo, es lo que hemos pensado y creído. «Lo que tú has llegado a ser es el precio que pagaste para obtener lo que querías tener» *(Mignon McLaughlin)*.

Todas las batallas importantes que nosotros tendremos que enfrentar se lucharán en nuestro interior. «Ninguna cosa espléndida jamás ha sido lograda salvo por aquellos que se atrevieron a pensar que algo dentro de ellos era superior a las circunstancias» *(Bruce Barton)*. 1 Juan 4:4 nos dice: «Mayor es el que está en ustedes que el que está en el mundo» *(RVC)*.

No construyas un caso contra ti mismo. Eso

sólo servirá para presentarte miles de razones de por qué no puedes hacer lo que quieres, cuando en realidad lo único que necesitas es una razón que diga por qué sí lo puedes hacer. Es mucho mejor hacer las cosas que deberías hacer que pasar el resto de tu vida deseando que ojalá las hubieras hecho.

Alguna vez se ha dicho, «no pongas agua en tu propio bote; la tormenta misma ya te pondrá suficiente». La primera victoria que tú debes ganar es sobre ti mismo. Tu competencia principal eres *tú*. Zig Ziglar[27] dice: «Tú no puedes actuar consistentemente de un forma que es inconsistente con la manera que te ves a ti mismo».

Increíblemente, a veces lo que tú piensas es tu debilidad más grande puede convertirse en una fuerza maravillosa. Toma como ejemplo la historia de un niño de diez años que decidió estudiar yudo a pesar de que él había perdido su brazo izquierdo en un terrible accidente automovilístico.

El niño empezó a tomar lecciones con un yudoca anciano japonés. Al niño le estaba yendo bien, así que él no podía entender por qué, tras tres meses de entrenamiento, el maestro sólo le había enseñado un movimiento.

«Sensei», le preguntó el niño, «¿no debería estar aprendiendo más movimientos?»

«Este es el único movimiento que sabes; este es el único movimiento que necesitarás saber», le respondió el sensei.

Sin entender completamente, pero creyendo en su maestro, el niño siguió entrenando.

Unos meses después, el sensei llevó el niño a su primer torneo.

Sorprendiéndose a sí mismo, el chico ganó sus dos primeras contiendas con facilidad.

El tercer combate resultó ser más difícil, pero después de un tiempo, su contrincante se impacientó y le atacó; el niño usó el único movimiento que sabía con inteligencia y le ganó.

Todavía impresionado con su éxito, el niño ahora estaba en las finales del torneo.

Ahora su rival era más grande, más fuerte y más experimentado. Por un tiempo, el niño parecía estar en desventaja. Preocupado por la salud del niño, el árbitro pidió una pausa. Él estaba a punto de detener el combate cuando el sensei intervino.

«No», insistió el sensei, «déjalo continuar».

Al poco tiempo resumió el combate y su oponente hizo un error crítico: él bajó su guardia. Inmediatamente, el niño usó su movimiento para sujetarlo contra el suelo. El niño ganó el combate y el torneo. Él era el campeón.

Volviendo a casa, el niño y el sensei repasaron cada movimiento de cada uno de los combates. El niño luego reunió el coraje necesario para hacer la pregunta que había estado pensando.

«¿Sensei, cómo gané el torneo con un solo movimiento?»

El sensei le respondió: «Tú ganaste por dos razones. Primero, tú casi has dominado uno de los lanzamientos más difíciles en todo el yudo. Y segundo, la única defensa contra ese movimiento es que tu rival te agarre el brazo izquierdo».

La debilidad más grande del niño se había convertido en su fortaleza más grande.

El gran evangelista Dwight L. Moody dijo: «Yo nunca he conocido a un hombre que me dio más problemas que yo mismo». *Sí*, todos nos podemos ver reflejados en eso. Sigue el consejo de mi buen amigo Dave Blunt: «¡Quítate de tu propio camino!»

Construir un caso contra ti mismo es como un microscopio – sirve para magnificar cosas triviales pero no puede recibir cosas grandes. Para asegurarte de no construir un caso contra ti mismo: multiplica tu tiempo de oración; divide la verdad de la mentira; resta las influencias negativas y suma la palabra de Dios. Nuestras mentiras más fuertes son las que nos hacemos a nosotros mismos. «Tanto la fe como el temor podrán entrar a tu puerto, pero sólo permite que la fe baje ancla en él» *(Bear Grylls)*.

**Descarta todos los casos que has formulado contra ti mismo.**

*¡Imparable!*

## No veas tu futuro desde sólo el punto de vista de ayer

Es más valioso ver a dónde estás dirigiéndote que ver dónde has estado. Si miras dónde has estado, es muy fácil cuantificar y matizar todo y limitar el sueño que llevas en tu interior.

«El pasado debe ser un trampolín, no una hamaca», dice Edmund Burke[28]. Tú nunca puedes planificar tu futuro con el pasado. Nadie puede caminar en marcha atrás hacia el futuro. ¿Alguna vez has notado que para aquellos que el ayer aún parece grande no están haciendo mucho hoy?

Tu futuro contiene más felicidad que cualquier pasado que puedas recordar. «El cristiano que ha sido perdonado no tiene pasado», dice Tim Redmond. En 2 Corintios 5:17, la Biblia dice: «De modo que si alguno está en Cristo, ya es una nueva creación; atrás ha quedado lo viejo: ¡ahora ya todo es nuevo!» *(RVC)*. Dios no consulta con tu pasado para decidir tu futuro.

Mike Murdock dice: «La miseria es una persona de ayer queriendo llevarse bien con un Dios de mañana». No dejes que los errores del pasado se conviertan en monumentos. Ellos deben ser cremados, no embalsamados. Es importante mirar hacia adelante – tu llamado y tu destino están allí. Pablo nos dijo: «Me olvido ciertamente de lo que ha quedado atrás, y me extiendo hacia lo que está adelante; ¡prosigo a la meta, al premio del supremo llamamiento de Dios en Cristo Jesús!» *(Filipenses 3:13-14 RVC)*. Como ya he dicho antes, uno no puede caminar hacia atrás para llegar al futuro.

A mí me gusta escuchar a las personas. Estoy especialmente interesado en escuchar cuánto tiempo ellos pasan hablando del pasado, el presente y el futuro. He descubierto que aquellos que hablan más acerca del pasado suelen estar yendo hacia atrás; aquellos que hablan del presente sólo lo están manteniendo. Pero aquellos que hablan del futuro están creciendo.

Algunas personas se quedan tanto en el pasado que el futuro pasa y se va antes de que ellos lleguen. El futuro sólo asusta a los que prefieren vivir en el pasado. Vivir en el pasado es un desperdicio horrible de energía. Uno no puede edificar sobre él.

Nadie jamás ha ido en marcha atrás hacia la prosperidad. Tú no puedes tener un mañana mejor si pasas todo el día de hoy pensando en ayer. El día de ayer ya ha pasado para siempre y está fuera de nuestro control. Lo que está detrás nuestro es insignificante comparado a lo que nos espera en el futuro.

**El pasado ya ha pasado.**

*¡Imparable!*

## Deja que tu imaginación supere tu alcance.

Sé audaz y valiente. Cuando llegue el momento de repasar tu vida, tú te arrepentirás más de las cosas que no hiciste que las que sí hiciste. Cuando te enfrentes con una tarea difícil, actúa como si fuera imposible fracasar. Si vas a escalar el monte Everest, llévate una bandera americana contigo. Cambia de ver lo que es visible a creer en lo que puedes tener. No empieces a seguir un plan a menos que sea especialmente importante y casi imposible. No le pegues a la pelota con timidez – apunta bien lejos.

Helen Keller[29] dijo: «La seguridad principalmente es una superstición. No existe en la naturaleza, y los seres humanos por lo general no la sienten. Esquivar el peligro no es más seguro que exponerse a él. La vida es una aventura audaz, o no es nada». Como siempre, los únicos limites que existen son los de visión.

El hombre mediocre siempre piensa que no lo es. William M. Winans[30] dice: «No hacer más de promedio es lo que mantiene el promedio bajo». «Haz algo difícil; te hará bien. Si no intentas hacer algo más allá de lo que ya has dominado, tú nunca crecerás», dice Ronald E. Osborn[31]. Es difícil saber qué es realmente imposible, porque lo que hoy damos por hecho, ayer parecía imposible. Napoleón Bonaparte[32] dijo: «Imposible es una palabra que sólo se encuentra en el diccionario de los tontos». ¿Qué palabras hay en tu diccionario?

El que teme hacer demasiado siempre hace demasiado poco. Para lograr todo lo que es posible, nosotros debemos intentar lo imposible. ¡Lo imposible es posible! Tu visión se convierte en tu valor potencial. Aprende a estar cómodo con sueños grandes.

Los mejores empleos todavía no se han encontrado; el mejor trabajo aún no se ha llevado acabo. Los líderes no fueron creados para quedarse en las sombras, sino para estirar la luz. Una persona que no espera nada jamás quedará decepcionada. «¿Acaso hay para Dios algo que sea difícil?» *(Génesis 18:14 RVC)*. La única manera para descubrir los límites de lo natural es superarlos y entrar al ámbito sobrenatural.

La disposición para asumir riesgos depende de nuestra fe. «No tengas miedo de tomar un gran paso si uno es indicado. No puedes cruzar un abismo en dos saltos pequeños», dijo David Lloyd George[33]. Tú visión debe ser más grande que ti. Nosotros debemos aspirar a decir: «Llévame a una roca más alta que yo» *(Salmo 61:2 RVC)*.

«No evites los extremos para "buscar balance"; encuentra tu balance viviendo en los extremos que Dios quiere para tu vida en ese momento» *(Tim Redmond)*. «A menos que un hombre emprenda todo lo que sea posible hacer, él nunca hará todo lo que es capaz de hacer» *(Henry Drummond)*. «Hermanos, sean grandes creyentes! La fe pequeña llevará almas al cielo, pero la fe grande traerá el cielo a tus almas», dijo Charles Spurgeon[34].

La gente más decepcionada en el mundo son aquellos que sólo reciben lo que les está por llegar y nada más. Hay muchas maneras de ser un fracaso, pero nunca arriesgar en nada es la más exitosa. Algunas cosas deben ser creídas para poder ser vistas. Intenta algo tan fantástico que a menos que Dios esté en eso, estará destinado a fracasar.

Atrévete a escalar la rama más alta – ahí está el fruto. No te preocupes por los planes pequeños; esos no motivan a nadie. Ninguna cosa significante jamás fue lograda por una persona realista.

**Tú visión es tu valor potencial.**

## No podemos convertirnos en lo que deberíamos ser si seguimos siendo lo que somos

El astronauta difunto James Irwin[35] dijo: «Quizás pienses que ir a la luna fue el proyecto más científico de la historia, pero ellos nos "lanzaron" literalmente en la dirección de la luna. Nosotros tuvimos que ajustar nuestra trayectoria cada diez minutos y logramos aterrizar sólo cincuenta pies adentro de nuestro radio de 500 millas del objetivo». La vida, como este viaje a la luna, está llena de cambios y ajustes. No hay nada que sea tan permanente como el cambio.

«Cuando no puedas cambiar la dirección del viento – ajusta tus velas» *(Max De Pree[36])*. No podemos convertirnos en lo que necesitamos ser si seguimos siendo lo que somos. Cuando tú dejas de cambiar, tú dejas de crecer. «El mundo odia el cambio, pero es lo único que ha traído progreso» *(Charles Kettering)*.

Todos quieren cambiar el mundo, pero nadie piensa en cambiarse a sí mismo. «Quien desdeña el consejo acaba pobre y avergonzado; quien acepta la corrección es objeto de honra» *(Proverbios 13:18 RVC)*. Hacer cambios cuando son necesarios es una seña de fuerza. No aceptar el presente es crear un futuro.

Proverbios 13:19 dice: «El deseo cumplido es causa de alegría, pero los necios detestan apartarse del mal» *(RVC)*. La gente sabia a veces cambia de opinión – los tontos jamás lo hacen. Mantente abierto al cambio de Dios en tus planes. Hacer cambios cuando son necesarios es una seña de fuerza.

Mientras más dure el error de un hombre, más seguro estará él de tener la razón. Defender tus errores y fallas sólo demuestra que tú no tienes intención de deshacerte de ellos. Un hombre obstinado no controla sus opiniones – ellas lo controlan a él. Cuando una persona piensa que no puede cambiar, él o ella deja de crecer.

Donde no podemos inventar, por lo menos podemos mejorar. Una «idea nueva y sensacional» a veces es nada más y nada menos que una idea vieja con un propósito nuevo. Si tú tienes hambre de éxito, sigue intentando. Todos están a favor del progreso; es el cambio lo que les molesta. El cambio constante está aquí para quedarse. La mayoría de las personas están dispuestas a cambiar, no porque ellas puedan ver la luz, sino porque sienten el calor. Si tú aún eres capaz de respirar, tú puedes mejorar.

Se como los bebés – a ellos le gustan los cambios. Las grandes ideas todavía necesitan cambios, adaptación y modificación para poder prosperar y triunfar. Henry Ford se olvidó de incluir una marcha atrás en su primer automóvil. Pocas personas se enteraron de su error. Pocas personas *no* se han enterado de su éxito. El éxito y el crecimiento serán improbables si tu sigues haciendo las cosas como siempre las has hecho.

**El cambio es bueno.**

*¡Imparable!*

## «Si tú sigues haciendo lo correcto, con el tiempo lo malo y los malos se irán de tu vida» (David Blunt)

Yo una vez escuché acerca de un empresario que había personalizado su membrete con el dicho: «Lo correcto es correcto aunque todos estén en contra de ello, y lo equivocado es equivocado aunque todos estén en favor de ello». Santiago 1:12 dice: «Dichoso el que hace frente a la tentación; porque, pasada la prueba, se hace acreedor a la corona de vida, la cual Dios ha prometido dar a quienes lo aman». *(RVC)*

Preocúpate menos por *quién* tiene la razón y encárgate de decidir *qué* tiene razón en tu vida. No permitas que otra persona lo decida por ti. Tus fracasos quizás hayan sido planeados en el infierno, pero tu victoria está planeada en el cielo. «Cuando alguien sea tentado, no diga que ha sido tentado por Dios, porque Dios no tienta a nadie, ni tampoco el mal puede tentar a

Dios» *(Santiago 1:13 RVC)*. No esperes que Dios bendiga una mentira.

«Tú no puedes hacer lo correcto demasiado temprano, porque tú nunca sabes cuándo será demasiado tarde» *(Ralph Waldo Emerson)*. Tú siempre puedes encontrar el tiempo para hacer lo que realmente quieres hacer.

La gente exitosa entiende que nadie llega a la cima en un solo salto. Lo que les distingue es que ellos están dispuestos a seguir poniendo un paso acertado delante del otro, sin importar cuán difícil sea el camino. «Nosotros somos lo que hacemos de manera reiterada. La excelencia entonces no es una acción, sino un hábito» *(Aristóteles)*.

Toma en cuenta las palabras de John Wesley[37]:

*Haz todo el bien que puedas,*
*De todas las maneras que puedas,*
*En todos los lugares que puedas,*
*Todas las veces que puedas,*
*A todas las personas que puedas,*
*Por todo el tiempo que puedas.*

Lo único que puedes sacar del banco de la vida es lo que tú deposites en él. La cima del potencial de un hombre es determinada en proporción a su entrega a lo correcto. La gente que vive en el bien nunca se queda atrás. Cualquier acción desobediente aumenta la distancia entre tú y tu sueño; de la misma manera, realizar tus sueños se lleva a cabo con la oración continua y la acción correcta.

**Haz lo correcto, luego haz lo correcto, y después vuelve a hacer lo correcto...**

*¡Imparable!*

## La razón principal del fracaso es la pérdida de concentración

La concentración cambia todo! La Biblia dice: «Todos los que luchan, se abstienen de todo» *(1 Corintios 9:25 RVC)*. Hacer demasiadas cosas siempre te priva de dar tu mejor esfuerzo. La mejor manera de traer concentración a tu vida es nunca poner un signo de pregunta donde Dios ha puesto un punto.

No intentes abarcar demasiadas cosas; aprende a decir no de manera positiva y rápida. La concentración te fortalece para decir *«no»* a las distracciones y le da la respuesta al *«¿por qué?»* de tu meta. Encuentra algo en la vida a lo cual tú te puedas dedicar completamente.

Un hombre concentrado representa una mayoría. La persona que comienza demasiado, logra muy poco. Si tú estás esperando para hacer mucho bien al mismo tiempo, tú nunca harás nada. *El que está por todas partes en realidad no está en ningún lado.*

Cuando tú careces de concentración, la vida se hace confusa y dolorosa. «Más vale un puñado de descanso que dos puñados de afanes y aflicción de espíritu» *(Eclesiastés 4:6 RVC)*. Cuando no tienes una buena razón para hacer algo, ya tienes una buena razón para no hacerlo. Nosotros estamos viviendo en una era en la cual las cosas no importantes parecen ser lo único que es esencial. Es increíble la cantidad de trabajo que uno puede hacer al concentrarse en una sola cosa.

Edgar F. Roberts[38] dijo: «Cada mente humana es una gran potencia durmiente hasta ser despertada por un deseo intenso y una resolución definida de actuar». «La firmeza de propósito es una de los ingredientes más necesarios del carácter y uno de los mejores instrumentos del éxito. Sin ella, el genio desperdicia sus esfuerzos en un laberinto de inconsistencias» *(Philip Stanhope)*.

La razón principal por la cual la gente fracasa es un quiebre de concentración. «Hay pocas cosas imposibles para la diligencia y la habilidad» *(Samuel Johnson)*. La primera opción de Dios para nosotros no puede ser el desorden, la falta de concentración, o el gasto de fondos o recursos. Cuando tú te concentras en algo, tú lo fortaleces y le sumas inercia. La concentración es el secreto de la fuerza.

Jesús dijo en Lucas 14:33: «Cualquiera de ustedes que no renuncia a todo lo que tiene, no puede ser mi discípulo» *(RVC)*. Ser un líder requiere concentración. Cuando tú estás concentrado, tú quedarás poseído por tus sueños; los encontrarás expresados en todas partes hasta casi poder olerlos.

El camino enfocado y angosto tiene el promedio más bajo de accidentes. Es importante que la gente sepa qué apoyas; es igualmente importante que ellos sepan lo que tú no toleras. Nosotros no podemos hacer todo lo que queremos hacer, pero sí podemos hacer todo lo que Dios quiere que hagamos.

**La concentración es algo fantástico.**

*¡Imparable!*

# Mirando
# hacia afuera

*¡Imparable!*

## Encuentra lo bueno en todos

El libro de Proverbios dice: «A quienes reparten, más se les da; los tacaños acaban en la pobreza. El que es magnánimo, prospera; el que sacia a otros, será saciado» *(Proverbios 11:24-25)*. Tú has sido creado para ayudar a otras personas.

Aquellas que mejor saben ayudar a los demás siempre pueden ver el lado positivo de los problemas de otras personas. Practicar la Regla Dorada no es un sacrificio – es una inversión. No des hasta que duela; da hasta que te sientas bien.

«Lo que hemos hecho para nosotros mismos muere con nosotros; lo que hemos hecho para otros y para el mundo permanece y es inmortal» *(Albert Pike)*. «Lo que tuve, lo di; lo que gasté, lo tuve; lo que guardé, lo perdí» (epitafio antiguo). No hay nadie que esté más engañado que un hombre egoísta. Calvin Coolidge[39] dijo: «Ningún hombre jamás ha sido honrado por lo que recibió. El honor ha sido la recompensa de lo que él dio». Invierte en el éxito de los demás. Cuando tú ayudas a alguien a escalar una montaña, tú también te encontrarás cerca de la cima.

Si quieres que otras personas mejoren, déjalos escuchar las cosas buenas que dices acerca de ellos. La gente te tratará de la misma manera que tú los ves. Encuentra lo bueno en todos. Para ser su líder, hazles sentir que tú les apoyas. La mayoría de la gente puede vivir por dos meses a fuerza de cinco palabras positivas y una palmadita en la espalda.

Todo lo bueno que tú hagas para otras personas, Dios te lo devolverá a ti. «Sabiendo que cada uno de nosotros, sea siervo o libre, recibirá del Señor según lo que haya hecho» *(Efesios 6:8 RVC)*. Tú creces espiritualmente según lo que das. Al dar hacia los demás, tú creas lugar dentro de ti mismo para crecer.

«Dale al sabio, y se hará más sabio; enseña al justo, y aumentará su saber» *(Proverbios 9:9 RVC)*. Tú quizás seas la única Biblia que muchas personas leerán. D.L. Moody dijo: «Por cada persona que lee la Biblia, cien personas nos leen a ti y a mí».

Lo más importante en la vida es lo que has hecho por los demás. La mejor manera para animarte a ti mismo es intentar animar alguna otra persona. El deber de todos los líderes es hacer que sea difícil que los otros se equivoquen y que sea fácil hacer lo correcto. «Los que traen luz a las vidas de los demás no pueden evitarla en las suyas» *(James Matthew Barrie[40]).*

Deja a la gente mejor de como la encontraste. Después de haber estado alrededor tuyo, ¿la gente parece estar mejor o peor? ¿Se sienten más grandes o más pequeñas? ¿Están llenas de fe o de temor? ¿Estás dejando a la gente mejor de como la encontraste?

**Busca a alguien para ayudar.**

*¡Imparable!*

## ¿Cuántos quejosos exitosos conoces?

La persona que siempre está buscando defectos nunca encuentra alguna otra cosa. Por lo tanto, vive tu vida como una exclamación, no como una explicación. Cualquier quejoso te dirá que el éxito sólo depende de la suerte.

Los niños nacen siendo optimistas. Ellos se ríen más de cien veces al día; los adultos menos de cinco. Ellos siempre esperan lo mejor. Un pastor estaba dando el mensaje para niños en su iglesia. Para esta parte del servicio, él reunía a todo los niños a su alrededor y les daba una lección breve antes de enviarlos a la escuela bíblica.

Ese domingo el pastor había estado usando el ejemplo de las ardillas para enseñar una lección sobre la preparación y la diligencia. Él empezó diciendo: «Yo voy a describir algo y quiero que ustedes levanten su mano cuando sepan qué es». Los chicos aprobaron con mucho entusiasmo. «Esta cosa vive en los árboles...*(pausa)* y come nueces...*(pausa)*...». Nadie alzó la mano.

«Es gris...*(pausa)* y tiene una cola larga y espesa...*(pausa)*...». Los niños se miraban entre ellos, pero todavía ninguno elevó su mano. «Y esta cosa salta de rama en rama... *(pausa)* y hace ruidos y mueve su cola cuando está excitada...*(pausa)*...»

Finalmente uno de los niños levantó su mano tímidamente. El pastor dio un suspiro de alivio y llamó su nombre. El niño dijo: «Bueno, yo sé que la respuesta debe ser Jesús... ¡pero me parece que es una ardilla!»

Busca lo mejor. Mientras más te quejes, menos obtendrás. Una vida de quejas es el peor surco en el cual uno puede caer. La única diferencia entre un surco y una tumba es el tiempo. Un espíritu de quejas primero es una visita, luego un huésped y por último se convierte en un amo.

Algunas personas siempre encuentran lo malo de una situación. ¿Conoces personas así? ¿Cuántos quejosos exitosos conoces? «Los hombres pequeños con mentes pequeñas e imaginaciones pequeñas viven la vida en surcos pequeños, resistiendo orgullosamente cualquier cambio que pueda sacudir su mundo pequeño» (Anónimo). Las cosas pequeñas afectan a mentes pequeñas. Algunas personas tienen tanta confianza que serían capaces de mover montañas si tan sólo alguien pudiera quitar las rocas del camino. Algunas de las personas más decepcionadas del mundo son aquellas que reciben justo lo que se merecen.

La miseria quiere tu compañía pero tú no tienes que unirte a ella. Los quejosos atraen a otros quejosos y ahuyentan a las personas positivas. Cuando Dios se prepara para bendecirte, Él no envía personas quejosas a tu vida. Él te envía gente que está llena de fe, poder y amor.

Cuando tú sientes el impulso de quejarte, invita a Dios a tu situación. «Tú guardas en completa paz a quien siempre piensa en ti y pone en ti su confianza» *(Isaías 26:3 RVC)*. ¿Estás esperando a Dios, o acaso Él te está esperando a ti? ¿Dios es tu esperanza o tu excusa? ¿Él es tu amigo o tu enemigo? No dejes que el cielo se convierta en sólo una ventanilla de quejas.

No desperdicies tu vida.

*«De todas las palabras tristes de lengua y pluma, las más tristes son estas:*

*"¡Pudiera haber sido!"»*

*(John Greenleaf Whittier[41]).*

No te ofusques. La rueda que más ruido hace suele ser reemplazada. Si tú te quejas de otras personas, no tienes tiempo para amarlas.

**Cuando te quejas, tú explicas tu dolor sin obtener ningún beneficio.**

## Criticar el jardín de otro no previene las malezas en el tuyo

Algunas personas parecen saber cómo vivir las vidas de todos los demás, pero no las suyas. La envidia es el deseo consumidor que quiere que todos tengan un poco menos éxito que tú. No midas tu vida según lo que otras personas hayan o no hayan hecho. «El amor no es celoso» *(1 Corintios 13:4 NTV)*. «La envidia es el tributo que la mediocridad le hace al genio» *(Fulton J. Sheen)*. Criticar el jardín de otro no previene las malezas en el tuyo. «Las mentes grandes discuten ideas, las mentes comunes discuten eventos y las mentes pequeñas discuten personas» *(Dr. Laurence J. Peter[42])*.

Aléjate de la envidia. Aparte de ser un desperdicio enorme de energía mental, la envidia también es la fuente de la mayoría de las tristezas. Si tú te estás comparando con los demás, tu punto de vista estará distorsionado. La mayoría de nosotros limitamos nuestro éxito al compararnos con lo que otras personas no han hecho. No permitas que otros te impongan límites, porque sus límites siempre serán demasiado bajos. «No te conformes con ser una astilla del viejo palo; mejor se tú ese mismo palo» *(Winston Churchill)*. «No seas una fracción; sé entero» *(Greg Mason)*.

Una de las decisiones más valiosas que nosotros podemos tomar es decidir *no* ser influenciados en nuestras propias vidas por lo que está ocurriendo en las vidas de otra gente. Lo que ocurre en sus vidas no tiene nada que ver con lo que Dios quiere hacer en la tuya. Él te ama tanto a ti como los ama a ellos. Cada vez que nosotros fijamos nuestros ojos sobre otras personas, nosotros perdemos de vista el objetivo.

La gente envidiosa siempre es rápida para encontrar lo negativo. Hubo una vez un cazador que llegó a tener un perro de caza especial. Este perro era único porque podía caminar sobre agua. Un día él invitó a un amigo a cazar para poder mostrarle su tesoro más preciado.

Después de un tiempo, ellos cazaron varios patos, los cuales cayeron al río. El hombre le ordenó a su perro que fuera y trajera las aves. El perro corrió sobre el agua en búsqueda de los patos. Su dueño estaba esperando un cumplido acerca de su perro increíble, pero no lo recibió.

Curioso, él le preguntó a su amigo si había notado algo raro acerca del perro. El amigo le respondió: «Sí, me di cuenta de algo bastante raro. ¡Tu perro no sabe nadar!»

La gran mayoría de las personas que nos encontramos de día a día son negativas. En vez de concentrarse en la rosquilla, ellos optan por ver el hoyo en el medio. No esperes que ellos te ofrezcan ánimo o cumplidos. Estas son las personas que no pueden ayudarte a salir de tu situación presente; ellas sólo te tirarán más hacia abajo.

Por lo tanto ten cuidado de ellos; pasa menos tiempo con ellos y no dejes que te roben tus sueños.

No le entregues el liderazgo de tu destino a fuerzas ajenas. George Craig Stewart[43] dijo: «Los hombres débiles son esclavos de lo que ocurre. Los hombres fuertes son amos de lo que ocurre». Un zapato no le dice a un pie cuánto debe crecer. Tener la perspectiva correcta te hace actuar según la visión y no según las circunstancias de otras personas. La *copia* compite contra los demás; un *original* compite contra sí mismo.

El ser humano es una criatura tonta que intenta vengarse de sus enemigos y superar a sus amigos. El amor ve a través de un telescopio; la envidia mira a través de un microscopio. Son muchos los caminos que conducen al odio, pero el camino de la envidia es el más corto de todos. Nosotros exageramos o menospreciamos lo que no tenemos. No envidies a nadie. Tú tienes algo que nadie más tiene. Desarrolla eso y hazlo algo sobresaliente.

«Ser líder es uno de los muchos logros. Lo que lo distingue a él de los otros es que él no está influenciado por la oposición, o los halagos, o las comparaciones», dice Tim Redmond. Dios entra por una puerta privada a la vida de cada individuo. Él nos conduce a cada uno de nosotros por un camino separado. Nadie puede construir su destino con el éxito de otra persona. Lo que el hombre pequeño busca en los demás, el hombre superior lo busca en Dios.

**La única forma de ver es fijar
tus ojos en Dios.**

## El cielo no es el límite

Nadie puede ponerte un límite sin tu permiso. Los israelitas nunca entraron a la tierra prometida por causa de su actitud, no porque había «gigantes» en la tierra.

«Eli Whitney fue ridiculizado cuando él les mostró su desmotadora de algodón. Edison tuvo que instalar su luz eléctrica de forma gratuita en un edificio de oficinas antes de que alguien ni siquiera la mirara. La primera máquina de coser fue destruida por una multitud en Boston. La gente se burlaba de la idea de ferrocarriles. La gente pensaba que viajar a treinta millas por hora iba a interrumpir la circulación de la sangre. Morse tuvo que suplicar ante diez congresos antes de que ellos por lo menos miraran su telégrafo» *(Anónimo)*. Sin embargo, para todos estos hombres, el cielo no era el límite.

*«Ten cuidado de aquellos que se mantienen distanciados*

*Y reciben cada emprendimiento nuevo
con reproches.
El mundo se detendría si las
cosas dependieran
De hombres que dicen: "no se
puede hacer"».*

*(Anónimo)*

«Busquen y encontrarán», dijo Jesús *(Mateo 7:7 RVC)*. Nosotros sólo recibimos en proporción a lo que intentamos. La gran mayoría de las personas suele quedar convencida a creer en nada, en vez de creer demasiado. Jesús también dijo: «Que se haga con ustedes conforme a su fe» *(Mateo 9:29 RVC)*. Tú nunca estás tan lejos de la respuesta como primero suele parecer. Jamás resulta seguro o preciso mirar hacia el futuro sin fe.

¿Así que cómo puedes hallar? Tú debes buscar. Dime lo que crees acerca de ti mismo y yo podré determinar algunos hechos importantes acerca de tu futuro. ¿Qué imagen de éxito tienes para ti mismo?

Preocúpate más por lo que te dice esa pequeña voz en tu interior que por lo que los demás puedan estar gritando. Muchas personas ya no esperan por lo mejor; ellos se conforman con evitar lo peor.

Muchos de nosotros hemos oído a la oportunidad golpear en nuestra puerta, pero hasta que le quitamos la cadena a la puerta, abrimos la cerradura y apagamos la alarma – ya se había ido! Hay demasiadas personas hoy que pasan todas sus vidas mirando a su alrededor, mirando hacia abajo o detrás de ellos; en vez de esto, mira *hacia arriba*. El cielo no es el límite.

**Destapa tu ambición.**

*¡Imparable!*

## ¿Cuál es el problema con los problemas?

No todos los obstáculos son malos. De hecho, el disfraz favorito de la oportunidad es un obstáculo. El conflicto es simplemente producto de encontrarte con un obstáculo en el camino hacia tu respuesta. La lucha es algo bueno; es muestra de que no te has dado por vencido. El apóstol Pablo lo dijo de la mejor manera al decir: «Por todos lados nos presionan las dificultades, pero no nos aplastan. Estamos perplejos pero no caemos en la desesperación. Somos perseguidos pero nunca abandonados por Dios. Somos derribados, pero no destruidos» *(2 Corintios 4:8-9 NTV).*

Ser un líder no te distancia del mundo y sus problemas; más bien, te prepara para vivir en él de manera productiva y victoriosa. Nadie es inmune a los problemas. Hasta el león debe defenderse de las moscas. Si quieres tu lugar en el sol, tú tendrás que esperar algunas ampollas. «Da la cara ante la música y algún día dirigirás la banda» *(Studs Terkel[44]).*

El crecimiento y el éxito no eliminan los obstáculos; ellos crean unos nuevos. Dios siempre está trabando con nosotros y caminando con nosotros. Thomas Carlyle[45] dijo: «El bloque de granito que era un obstáculo en el camino de los débiles se convierte en un camino de piedras para los fuertes».

Dar a luz una jirafa es algo bastante difícil. Un jirafa bebé cae una distancia de diez pies desde el vientre de su madre y por lo general cae sobre su espalda. En segundos, la cría se da vuelta y encoje sus piernas debajo de su cuerpo. Desde esta posición, ella ve el mundo por primera vez y sacude los últimos vestigios del liquido amniótico de sus ojos y oídos. Luego la madre introduce su cría a la realidad de la vida.

En su libro *A View from the Zoo*, Gary Richmond nos explica cómo una jirafa bebé aprende su primera lección.

La madre agacha su cabeza lo suficiente para dar un vistazo breve. Ella luego se posiciona directamente sobre su cría. Ella espera un minuto y luego hace algo que parece poco racional. Ella gira su pierna larga y patea su bebé, haciéndola caer de cabeza.

Si su bebé no se levanta, ella repite ese proceso violento una y otra vez. La lucha por levantarse es crucial. Ni bien la cría empieza a cansarse, la madre la vuelve a patear para estimular sus esfuerzos. Por fin, la cría se para por primera vez usando sus propias piernas tambaleantes.

Luego la madre jirafa hace algo increíble. Ella la vuelve a patear para que vuelva a caerse. ¿Por qué? Ella quiere que recuerde cómo hizo para levantarse. En estado salvaje, las jirafas bebés deben pararse lo más pronto posible para quedarse con la manada, donde hay seguridad. Leones, hienas, leopardos y perros salvajes cazan jirafas jóvenes y si la madre no le enseña a su cría a pararse rápidamente, ellas también estarían en peligro.

Tú necesitas cambiar la manera que ves tus obstáculos. En medio de pruebas, Dios quiere que tú tengas crecimiento y promoción. Las pruebas ofrecen una oportunidad para crecer, *no* para morir. Los obstáculos pueden desviarte por un tiempo, pero sólo tú puedes detenerte. Todos los obstáculos revelan lo que tú realmente crees y quién eres. Ellos te introducen a ti mismo.

Tal vez tu lucha sea duradera, pero no es *eterna*. Pensar que no hay nada más permanente que tu presente situación es una gran mentira. La lucha es lo que te hace fuerte, porque tú creces a través de la adversidad y no el placer.

Cuando yo he viajado, he notado que por más nublado que esté el cielo cuando un avión despega, el sol siempre brilla sobre las nubes. ¡Mira hacia arriba! Lo importante no es el clima, sino el pronóstico positivo. Los obstáculos son parte de la vida. Jesús dijo: «En el mundo tendrán aflicción; pero confíen, yo he vencido al mundo» *(Juan 16:33 RVC)*. La diferencia entre hierro y acero es el fuego, pero el acero templado por fuego vale la pena. Dios nunca nos prometió que sería fácil. Él sí nos dijo: «Para quien cree, todo es posible» *(Marcos 9:23)*.

«En la presencia de problemas, algunas personas hacen crecer alas; otros compran muletas» *(Harold W. Ruoff)*. La adversidad no sólo cambia a las personas, sino que también las hace desenmascarar. Cuando

Dios está al lado nuestro, Él nos ayuda a dar la cara, aún cuando no nos guste hacerlo. No sólo mires a Dios a través de tus circunstancias; mira tus circunstancias a través de Dios.

**Tu problema será tu promoción.**

*¡Imparable!*

## Sé una respuesta.

El entrenador de baloncesto John Wooden dijo: «Tú no puedes vivir un día perfecto sin hacer algo para alguien que nunca podrá devolverte el favor». Yo creo que Proverbios 3:27 es un verso poderoso en la Biblia que suelta la bendición de Dios para tu vida: «No te niegues a hacer los favores debidos, cuando en tu mano esté el hacerlos» *(RVC)*. No puedo contar cuántas veces ha sido gozo poder ayudar a alguien de esta manera. A mí me encanta cuando ellos me preguntan: «¿Por qué has hecho esto?», y yo en humildad puedo decir: «Porque puedo...».

El gozo compartido es gozo multiplicado. Tú has sido creado para ser parte de la solución. «Yo soy sólo una persona; pero soy alguien. Yo no puedo hacer todo, pero todavía puedo hacer algo; y porque no puedo hacer todo, yo no me negaré a hacer algo que puedo hacer», dijo Helen Keller.

Tú has sido creado para ser parte de la solución. Ponte en el camino de alguien si tú sabes que están por caer. Entra cuando los otros empiezan a salir. No hay trabajos sin importancia, no hay gente sin importancia y no hay actos amables sin importancia. Si tú no tienes bondad en tu corazón, tú estás sufriendo del peor tipo de enfermedad cardíaca.

Sé amable. Tú nunca sabrás lo bueno que hará, o el mal que prevendrá. La próxima vez que un vendedor te menosprecie, recuerda esta historia contada por Barbara Mikkelson acerca de John Barrier y el Banco Washington State que se negó a validar su estacionamiento.

John Barrier había sido cliente del Old National Bank (ahora llamado U.S. Bank) en Spokane, Washington, por treinta años. Él había ganado su dinero comprando y reparando edificios viejos. Él estaba vistiendo sus ropa gastada y común en ese día de Octubre en 1988 cuando estacionó su camioneta en un estacionamiento cercano mientras visitaba a su agente y luego cambió un cheque. Sin embargo, la cajera lo miró una vez a este hombre vestido con ropa vieja y se negó a darle una estampilla para su recibo de estacionamiento.

La United Press International reportó lo siguiente:

«Ella me dijo que el Banco sólo validaba los recibos de estacionamiento cuando un cliente llevaba a cabo una transacción y que cambiar un cheque no era una transacción», dijo Barrier. El millonario dijo que él le pidió a la cajera que llamara a un gerente del Banco, quien también se negó a validar su estacionamiento.

«Él me miró unas cuantas veces y luego me dio una de esas miradas», dijo Barrier, imitando los gestos del gerente.

«Yo le dije: "Está bien, tú no me necesitas y yo no te necesito"».

Barrier sacó todo su dinero y lo llevó al Banco Seafirst Bank, que estaba situado en la misma calle.

«El primer cheque que él me trajo era por un millón de dólares», dijo Dennis Veter, vice presidente de la sucursal principal en Spokane del Banco Seafirst. «Uno nunca se lo imaginaría al verlo a él, pero vaya suerte que tuvimos».

Como dijo John Barrier: «Por más que tú

tengas un dólar o un millón de dólares, yo pienso que ellos te deben la cortesía de estampar tu recibo de estacionamiento». Sé amable en cada oportunidad que se presente.

Tu contribución está determinada por las respuestas que tú puedas ofrecerle a los problemas que debes enfrentar. Según Mike Murdock: «Tú sólo serás recordado por dos cosas: los problemas que solucionas o los que creas». Siempre es «mejor dar que recibir» *(Hechos 20:35).*

Sé generoso con los demás y observa como las críticas, la depresión y la tristeza se van de tu vida. Los críticos suelen ser la gente más inactiva de todas. Camina en los zapatos de tu vecino; siéntate en la silla de tu jefe; camina el sendero de tus mejores amigos. Busca maneras para ser una respuesta.

¿Cuántas personas egoístas y alegres conoces? Tú puedes hacer más amigos en dos meses ayudando a otras personas que en dos años de tratar de hacer que otros te ayuden a ti. «El mar Muerto está muerto porque siempre recibe y nunca da» *(Anónimo).* El pastor E.V. Hill[46] dijo: «Si Dios puede conseguirlo a través de ti, Él te lo dará a ti».

Quizás sólo una de tus acciones sea lo único

necesario para cambiar el rumbo de la vida de otra persona. Encuentra los problemas para los cuales tú eres una solución.

## ¿Qué puedes hacer?

*¡Imparable!*

## Tus palabras reflejan hacia donde estás yendo

Para que puedas sentir cómo se siente, por las próximas veinticuatro horas, no digas nada malo acerca de nadie o de nada. «La diferencia entre la palabra correcta y la casi correcta es igual a la diferencia entre el relámpago y la luciérnaga» *(Mark Twain)*. Proverbios 16:27 dice: «Los sinvergüenzas crean problemas; sus palabras son un fuego destructor» *(NTV)*. «La lengua puede traer vida o muerte; los que hablan mucho cosecharán las consecuencias» *(Proverbios 18:21 NTV)*.

Tú puedes aprender más acerca de una persona según lo que él dice acerca de otras personas que con lo que otros dicen acerca de él. Como dijo Jesús: «De la abundancia del corazón habla la boca» *(Mateo 12:34 RVC)*. Una persona imparable dice: «Encontremos una manera de hacerlo»; una persona común dice: «No hay manera de hacerlo». El individuo imparable dice: «Debe haber una manera mejor de hacerlo»; el mediocre dice: «Aquí siempre se ha hecho así». En vez de usar las palabras «si solo», prueba usando la frase «la próxima vez». No preguntes: «¿Qué pasa si no funciona?»; mejor di: «¿Qué pasa si funciona?»

La ignorancia siempre tiene ganas de hablar. El mejor momento para guardar silencio es cuando tú sientes que *estas obligado* a decir algo. Ni el auto más rápido puede atrapar una palabra dicha en enojo. Tú jamás sufrirás por algo que no dijiste. «El silencio es el arma definitiva del poder» *(Charles De Gaulle)*. El silencio también es «uno de los argumentos más difíciles de disputar» *(Josh Billings)*. Es un error juzgar la cilindrada de un hombre según su escape. Algunas personas hablan de experiencia; otras, gracias a su experiencia, no hablan.

Sigue el consejo de la naturaleza: tus oídos no fueron creados para cerrarse, ¡pero tu boca sí! Cuando nace un argumento, el hombre sabio lo ahoga con silencio. A veces tú tienes que guardar silencio para ser oído. El pez que abre la boca es el que es atrapado.

Un grupo de sapos estaba viajando por el bosque y dos de ellos cayeron en un pozo profundo. Todos los otros sapos se reunieron alrededor del pozo. Cuando ellos vieron lo profundo que era, le dijeron a esos dos sapos que ya estaban prácticamente muertas.

Los dos sapos ignoraron sus comentarios e intentaron salir del pozo, saltando con todas sus fuerzas. Los otros sapos le seguían diciendo que pararan, que no tenían esperanzas de salir. Finalmente uno de los sapos le hizo caso a los demás y se dio por vencido. Ese sapo se cayó y falleció.

El otro sapo siguió saltando lo más alto posible. Los demás le volvieron a gritar que parara de esforzarse y se dejara morir. Este sapo saltó aún más alto y por fin logró salir del pozo. Cuando salió, los otros sapos le preguntaron: «¿No nos escuchaste?» Él sapo les explicó que él era sordo. Él pensó que lo habían estado alentando durante todo ese tiempo.

Esta historia nos revela dos lecciones valiosas: hay ayuda y dolor en la lengua. Una palabra animadora puede levantar a una persona y ayudarla a salir adelante. Una palabra destructiva puede ser lo que faltaba para acabar con ellos.

Las palabras de esperanza tienen un gran efecto. Cualquiera puede decir palabras que le roban a otros el espíritu de seguir adelante ante circunstancias difíciles.

Cuando tú no sepas qué decir, Dios te ayudará. Si quieres conocer a una persona, escucha con cuidado cuando él te cuente lo que no le gusta. El cotorreo constante le hace perder nitidez a tus dos sentidos más importantes – tus ojos y tus oídos. Muchas relaciones buenas han sido destruidas por causa de palabras equivocadas y palabras mal entendidas.

Las palabras tienen consecuencias. Ellas son semillas que siempre producen una cosecha. Úsalas con sabiduría.

*Una búho viejo y sabio estaba sentado sobre un roble;*
*Mientras más veía él, menos hablaba;*
*Mientras menos decía, más oía.*
*¿Por qué no somos como esa ave vieja y sabia?*

*(Edward H. Richards)*

**Cuida tus palabras.**

### Perdona a tus enemigos – no hay nada que les moleste más.

«Nunca cortes lo que puede ser desatado», dijo Joseph Joubert[47]. Cuando alguien te haya ofendido, la mejor respuesta es tener una mala memoria. Nunca guardes rencor. Mientras tú estás sufriendo bajo su peso, la otra persona estará siendo productiva. Una de los placeres más duraderos que puedes sentir es el sentimiento que te viene cuando tú perdonas a un adversario... aunque ellos lo sepan o no.

Perdona a tus enemigos – nada los confundirá más que eso. No hay venganza tan dulce como el perdón. Las únicas personas a quienes tú debes devolvérsela son aquellas que te han ayudado.

«El perdón debería ser como una deuda cancelada – rota en dos partes, y quemada, para que jamás pueda volver a ser usada contra uno» *(Henry Ward Beecher[48])*. Dios nunca estará operando más fuertemente en tu vida que cuando tú renuncias la venganza y te atreves a perdonar una ofensa. Larry Bielat dijo: «Él que no puede perdonar quema el puente sobre el cual él algún día tal vez tenga que cruzar». El odio, el rencor y la venganza son lujos que tú no te puedes dar el gusto de tener.

El perdón sana; no perdonar hiere. Sé rápido para perdonar. John Harrigan dijo: «La gente necesita más ser amada cuando menos se lo merecen». Mateo 5:25 dice: «Cuando vayas camino al juicio con tu adversario, resuelvan rápidamente las diferencias» *(NTV)*. La mejor sanidad es la sanidad rápida.

Tú no puedes salir adelante cuando intentas vengarte. No te ofendas; eso es una estrategia usada por Satanás para hacerte salir de la voluntad de Dios. Cuando nosotros pensamos en nuestra ofensa, el problema crece; cuando pensamos en Dios, el problema desaparece.

Cuando tú no perdonas, tú estás ignorando el impacto que esto tiene sobre tu destino. Las consecuencias del no perdonar son mucho peor que las secuelas de lo que nos ofendió. «El odio es una forma prolongada del suicidio», dice Douglas V. Steere[49]. No hay nada más patético que una persona que ha guardado rencores por muchos, muchos años. En vez de hacer esto, ama a tus enemigos – esto los hará volver locos.

Es cierto – el que perdona, acaba con la contienda. Una palmada en la espalda es la mejor manera de quitarle la astilla a otra persona. Perdona a tus enemigos – ¡es la única venganza que tienes a tu disposición! «El perdón es la economía del corazón. El perdón nos guarda el costo del enojo, el costo del odio y el desperdicio de espíritu» *(Hannah More)*.

Hay dos grandes características de un líder: dar y perdonar.

El odio es el uso más ineficiente que uno puede hacer de su mente. Si quieres sentirte miserable, odia a alguien. El odio hace mucho más daño al recipiente en el cual está guardado que al objeto sobre el cual está vertido. Tú no puedes salir adelante si intentas vengarte.

«La vida es una aventura en el perdón», dice el autor Norman Cousins. Cada persona debe tener un cementerio especial en el cual él o ella puede enterrar las fallas de sus amigos y seres queridos.

«Perdonar es como liberar a un prisionero y descubrir que ese prisionero eras tú» *(Lewis B. Smedes).*

**Perdona a alguien cada día.**

## *Aprovecha hoy las oportunidades de hoy y mañana las oportunidades de mañana.*

¿De qué sirve tener buena puntería si no sabes cuándo apretar el gatillo? Las ideas no duran mucho – algo debemos hacer con ellas. «Existe una cosa más fuerte que todos los ejércitos del mundo, y eso es una idea cuyo tiempo ha llegado», dice Victor Hugo[50].

Dios es un Dios de tiempo *y* dirección. Él quiere que nosotros sepamos qué hacer y cuándo hacerlo. Salmos 32:8 dice: «Voy a enseñarte el camino que debes seguir, y no voy a quitarte los ojos de encima» *(RVC)*.

La paciencia es algo maravilloso, pero no fue mucha ayuda para el hombre que plantó un huerto de naranjas en Alaska. Nunca hay un momento correcto para hacer la cosa equivocado. Si tú te tardas mucho en decidir qué hacer con tu vida, descubrirás que la has vivido. El Señor todopoderoso inventó el tiempo para poder brindarle una oportunidad a tus sueños. «El infierno es la verdad vista demasiado tarde – el deber ignorado en su momento», dice Tyron Edwards[51].

Una decisión bien hecha vale más que mil decisiones imprudentes. *(Woodrow Wilson)* Según un cuento famoso, el Dr. Billy Graham en una ocasión se bajó de su avión y se acercó hacia una limusina que le estaba esperando. Al acercarse al conductor, él le dijo: «¿Sabes qué? Yo tengo 87 años y jamás he manejado una limusina. ¿Te molestaría si conduzco yo?»

El conductor le respondió: «Sí, lo dejaré conducir». Así que Billy Graham se sentó en el asiento del conductor y comenzó a manejar. Él no estaba acostumbrado a conducir una limusina y sin darse cuenta, él pasó por una zona de 55 millas por hora a una velocidad de 70 millas por hora.

Un policía novato, operando su primer control de velocidad, lo detuvo. Él se acercó al vehículo, miró hacia adentro y vio al Dr. Billy Graham sentado ahí. Este policía nuevo estaba un poco nervioso y le preguntó: «Señor, ¿puedo ver su licencia para conducir?» De hecho, la licencia confirmó que se trataba del mismo Dr. Billy Graham.

El policía joven regresó a su automóvil, llamó a la estación central y les informó: «Miren, yo acabo de parar a un individuo muy, pero muy importante».

«¿Qué tan importante es?», le respondió una voz desde la central.

«Pues él es bastante importante».

«¿Es más importante que el gobernador?»

El oficial respondió: «Sí, él es más importante que el gobernador».

«¿Es el Presidente de los Estados Unidos?»

«Él es más importante que el Presidente de los Estados Unidos».

«¿Entonces quién es?»

«Bueno, creo que es el Señor Jesús porque Billy Graham está conduciendo la limusina».

Ser imprudente y tomar una decisión equivocada casi nunca termina bien. Hay demasiadas personas que dejan pasar de largo la oportunidad *correcta* para buscar *otras* oportunidades.

Siempre agrégale luz, no calor, a tus sueños. Dios nos enseña que su «palabra es una lámpara a mis pies; es la luz que ilumina mi camino!» *(Salmos 119:105 RVC)*. La lámpara ilumina las cosas que tenemos en nuestras manos; la luz en el camino nos ilumina la dirección de nuestro futuro.

No te apresures cuando el éxito depende de la precisión. Los que peor aprovechan su tiempo son los primeros en quejarse de su brevedad. *(Jean de la Bruyere)* El delantero más rápido es inútil a menos que él esté corriendo hacia el arco correcto.

El tiempo es el ingrediente vital del éxito. «La visión va a tardar todavía algún tiempo» *(Habacuc 2:3 RVC)*. Existe un tiempo previsto para tu idea o sueño. Ten visión 20/20. No seas ni corto ni largo de vista. Al estudiar a líderes cristianos, yo he descubierto que en momentos claves ellos han dicho: «Dios me hizo hacer...». La obediencia a la voluntad de Dios es el navegador GPS que te guiará en el camino de Su plan para ti.

**Pídele a Dios de su tiempo
y dirección.**

## *Hoy yo...*

- Me levantaré temprano porque ningún día es lo suficientemente largo para todo el trabajo del día.

- Felicitaré a tres personas.

- Me haré valioso para alguien.

- No perderé una hora en la mañana, para después pasar todo el día buscándola.

- Enfrentaré un problema más grande que yo.

- Haré una pequeña mejora en alguna área.

- En vez de estar agradecido por el fin de semana, estaré agradecido a Dios por el día de hoy.

- Haré tres cosas fuera de mi zona de comodidad.

- Me levantaré otra vez, aunque a mi competencia le moleste.

- Me esforzaré al máximo.

- Daré gracias por el pan de cada día.

- Dejaré a alguien mejor que antes.

- Le dedicaré el mejor tiempo de mi día a la comunión con Dios.

- Encontraré algo que pueda hacer diferente.

- Viviré según la Regla Dorada para que mañana no tenga que pedir perdón por mis acciones.

- Discerniré o entenderé que debo estar contento aquí y ahora.

- Tomaré pasos pequeños para conquistar un hábito malo.

- Juzgaré el día de hoy no por la cosecha, sino por las semillas que yo plantaré.

Lo que tú haces cada día sí importa. Hay una razón por la cual Dios crea cada día con 24 horas y al día siguiente lo vuelve a hacer otra vez más.

Mi frase preferida ni bien comienzo cada

día, antes de que mis pies toquen el suelo, es: «Este es el día que Tú has creado, Señor. Yo me gozaré y me deleitaré en él. Que las palabras de mi boca y los pensamientos de mi corazón sean aceptables para ti, mi fuerza y mi Redentor *(Salmos 19:14)*. Que todo lo que yo diga y haga te traiga gloria a Ti. Ahora Señor, ¡yo necesito toda la ayuda que me puedas dar!»

**El secreto de tu éxito está escondido en tu rutina diaria.**

*¡Imparable!*

## *Tú no estás solo en esto*

Dios no nos ha escrito papeles solitarios en su guión. Él tiene conexiones divinas para ti: amigos y asociaciones divinas. Estas relaciones buenas siempre hacen lucir lo mejor en ti. Tú ya sabes de qué tipo de persona estoy hablando – después de estar con ellos, tú te sientes más lleno de fe, con menos críticas y con una visión para el futuro. Así que respeta a los que Dios te ha enviado para ayudarte. El valor de cualquier relación puede medirse con lo que contribuye para tu visión, plan o propósito. Tú siempre estás siendo observado por alguien que puede bendecirte en gran manera.

Con quién nos asociamos es algo muy importante. La gente exitosa no se relaciona con las personas equivocadas. Nunca son los extraños quien te detienen o te hacen desviar. Estas asociaciones negativas no traen a la luz lo mejor de ti. Después de estar con ellos, tú te sientes lleno de dudas, temor, confusión y críticas.

Mientras tú creces y triunfas, tus asociaciones empezarán a cambiar. Algunos de tus amigos no querrán que a ti te vaya mejor. Ellos querrán que tú te quedes donde estás. Tú te encontrarás cara a cara con una decisión importante que deberás hacer. Los amigos que no te ayudan a escalar quieren que tú gatees. Tus amigos ensancharán tu visión o ahogarán tu sueño.

Nunca permitas que alguien te haga abandonar una idea que Dios te ha dado. «No dejes que otra persona cree tu mundo, porque ellos siempre te lo harán demasiado pequeño», dijo Ed Cole[52]. ¿Quién está creando tu mundo?

Jamás recibas consejos de personas no productivas. Nunca hables de tus problemas con alguien que es incapaz de contribuir a la solución. Los que no pueden triunfar siempre son los primeros en decirte cómo hacerlo.

No todos tienen un derecho de hablar en tu vida.

Erase una vez, una princesa hermosa, independiente y segura de sí misma que se encontró con un sapo en un estanque.

El sapo le dijo a la princesa: «Yo antes era un príncipe guapo, hasta que una bruja malvada me puso un hechizo. Con un beso tuyo, yo volveré a convertirme en príncipe. Después podremos casarnos y mudarnos al castillo con mi madre. Tú me podrás preparar mis comidas, lavar mis ropas, tener mis hijos y estar contenta para siempre».

Esa misma noche, mientras la princesa disfrutaba de su cena de piernas de sapo, ella se reía y decía: «¡No gracias!»

No todos tienen el derecho de hablar en tu vida...así que no lo permitas más.

Tú seguramente serás el más perjudicado al intercambiar ideas con la persona equivocada. A mí me gusta decirlo de esta manera: no sigas a nadie que no está yendo a ningún lado en particular.

«Cuando Dios quiere bendecirte, Él trae una persona a tu vida», dice Mike Murdock. Dios cuida de las personas por medio de otras personas.

Con alguna gente, tú pasas una tarde; con otra, tú lo inviertes. Ten cuidado con dónde paras para pedir direcciones en el camino de la vida. Sabio es el hombre que fortifica su vida con las amistades correctas.

**Tú empiezas a ser como la gente con la cual más te asocias.**

## No permitas que la gente negativa te robe el sueño

Todas las grandes ideas crean conflictos, batallas y guerras. Es decir, tu destino crea desafíos y genera críticas. Cada idea grande y única tiene una respuesta que se desarrolla en tres etapas.

1.-«Es imposible – no pierdas el tiempo y el dinero.»

2.-«Es posible, pero tiene un valor limitado.»

3.-«Te dije que era una buena idea.»

Nuestra respuesta contra las críticas debe ser lo que dice la Biblia: «Estamos atribulados en todo, pero no angustiados; en apuros, pero no desesperados; perseguidos, pero no desamparados; derribados, pero no destruidos» *(2 Corintios 4:8-9 RVC)*. Ama a tus enemigos, pero si realmente quieres hacerlos enojar, ignóralos por completo.

Nosotros debemos seguir haciéndole caso a esa pequeña voz que nos habla; no a los estallidos de la ruina. Si alguien te menosprecia, él o ella sólo quiere bajarte a su nivel. Un crítico es alguien que encuentra culpa sin una orden de allanamiento. Jamás le han construido una estatua a un crítico.

Un autobús transportando sólo a personas feas choca de frente contra un camión, y mueren todos los pasajeros. Mientras ellos están parados ante las puertas del cielo, esperando entrar al Paraíso y conocer a su creador, Dios decide otorgarle un deseo a cada persona debido al sufrimiento que han padecido.

Todos los pasajeros forman una línea y Dios le pregunta al primero cuál es su deseo. «Yo quiero ser hermoso», dice uno y con un movimiento de su mano, Dios cumple su deseo. El segundo en línea le escucha decir esto y dice: «Yo también quiero ser hermoso». Dios vuelve a mover su mano y también cumple ese deseo.

Esto se repite por un rato mientras cada uno de ellos pide ser hermoso. Cuando Dios llega a la mitad de la línea, el último hombre empieza a reírse. Cuando quedaron sólo diez personas en la línea, este último hombre comienza a revolcarse por el suelo, riéndose a carcajadas.

El último tipo finalmente se presenta ante Dios y Él le pregunta cuál será su deseo. El hombre por fin se tranquiliza y dice: «Haz que todos vuelvan a ser feos».

Tú siempre puedes reconocer a un fracasado por la manera que él critica el éxito. Ellos nunca ofrecen una solución mejor para un problema. Los que pueden, hacen; los que no pueden, critican. Las personas que se quejan de cómo rebota el balón suelen ser los que lo han dejado caer. Si no fuera por los hacedores, los críticos no tendrían nada que hacer.

La envidia provee el lodo que los fracasados le tiran al éxito. La gente que tira lodo también está perdiendo al mismo tiempo. Las mentes pequeñas son las primeras en criticar ideas grandes.

Si la gente habla de forma negativa acerca de ti, *vive* de tal manera que nadie les creerá. El temor a las críticas es el beso de la muerte contra cualquier tipo de logros. Si tú tienes miedo de ser criticado, tú morirás sin jamás haber hecho algo. Un hombre exitoso es aquel que puede edificar una fundación sólida con los ladrillos que otros le han tirado *(David Brinkley).*

**Las críticas son cumplidos cuando tú haces lo que sabes que debes hacer (o deberías estar haciendo).**

## ¡Se busca ayuda!

Nadie puede hacerlo solo. Si quieres hacerlo solo, recuerda que la misma cerca que deja afuera a los demás también te encierra a ti. *(Bill Copeland)* «Dios no deja a nadie con manos vaciás excepto a aquellos que están llenos de sí mismos» *(D.L. Moody)*. El hombre que vive solo y sólo para sí mismo será corrompido por la compañía que el guarda. *(Charles Henry Parkhurst)*

«No existe tal cosa como un hombre que ha triunfado solo. Todos hemos contado con la ayuda de miles de otras personas. Cada persona que alguna vez haya hecho algo amable por nosotros, o haya dicho una palabra de ánimo, ha formado parte de nuestro carácter, nuestros pensamientos y nuestro éxito», dice George Matthew Adams[53]. Ten un corazón agradecido y sé rápido para reconocer a los que te ayudan. Hazte indispensable para alguien. Es fácil culparte a ti mismo por tus fracasos, ¿pero le has dado crédito a los demás por tus triunfos?

«La visión estrecha te dice que nadie está trabajando más que ti. La visión estrecha es un enemigo del trabajo en equipo. Es una puerta a través de la cual entran la división y la contienda». *(Tim Redmond)* Pocas cargas son pesadas cuando todos levantan. Las pecas formarían un bronceado lindo si pudieran juntarse.

Todos necesitan de alguien. Una pareja de ancianos entraron a un restaurante de comida rápida. El viejito se acercó al mostrador, ordenó su comida, pagó y llevó su bandeja hacia la mesa donde estaba sentada su esposa. En su bandeja había una hamburguesa, una pequeña ración de papas fritas y un refresco.

Con cuidado, el hombre dividió la hamburguesa en dos y separó las papas en dos montones prolijos. Él tomó un trago del refresco y se lo pasó a su señora, que también tomó un trago y se lo devolvió.

Un muchacho en una mesa cercana había observado a esta pareja de ancianos y se sintió apenado por ellos. Él ofreció comprarles otra comida, pero el anciano rehusó su oferta respetuosamente, diciéndole que ellos estaban acostumbrados a compartir todo. El hombre anciano empezó a comer, pero su esposa se quedó sentada sin comer.

El joven siguió observando a la pareja. Él todavía sentía que debía ofrecerles ayuda. Mientras el anciano terminaba de comer, su mujer todavía no había empezado a comer su porción. «Señora, por qué no está comiendo?», le preguntó el muchacho con compasión.

La señora le miró y le respondió amablemente: «Estoy esperando para usar las dentaduras». Todos necesitamos la ayuda de alguien...

El hombre que cree sólo en sí mismo habita en un mundo muy pequeño – un mundo al cual pocos querrán entrar. El hombre que se alaba a sí mismo quizás tenga la melodía correcta, pero tendrá la letra equivocada. Una persona jactanciosa nunca llega a ningún lugar porque piensa que ya lo ha logrado.

Cada gran hombre siempre está siendo ayudado por otra persona. Mientras más alto llegues en la vida, más dependerás de otras personas. Woodrow Wilson dijo: «Yo uso no sólo todo el cerebro que tengo, sino todos lo que puedo pedir prestados». Detrás de un hombre capaz siempre hay otros hombres capaces.

Trabaja en conjunto con otras personas. Recuerda el ejemplo de la banana – cada vez que se aparta del racimo, acaba siendo pelada y consumida. Tú jamás gozarás de éxitos duraderos sin relacionarte con otras personas. Ninguna persona sola puede igualar el esfuerzo cooperativo de un equipo bien armado.

**Encuentra alguien que puede ayudarte.**

## Una sonrisa simple es más poderosa que una exagerada

La persona más pobre del mundo es la que ha perdido su gozo. Decide hoy ser la persona más positiva y entusiasmada que tú conoces.

Cada gran movimiento influyente en la historia del mundo ha incorporado el entusiasmo. Nada grande jamás se ha logrado o se logrará sin entusiasmo. Una sonrisa es la distancia más corta entre dos personas. *(Victor Borge)* Conviértete en la persona más positiva y entusiasmada que tú conoces.

En una encuesta reciente, doscientos líderes nacionales fueron preguntados qué hace exitosa a una persona. El ochenta por ciento de ellos respondió diciendo que el entusiasmo es la cualidad más importante. Algunas personas buscan la felicidad; otros la crean. Una persona con entusiasmo pronto tendrá seguidores entusiasmados. El gozo y la risa son contagiosas.

Helen Keller dijo: «Orienta tu rostro hacia la luz del sol y no podrás ver la sombra». «La felicidad compensa con su altura por lo que carece de largo». *(Robert Frost[54])* El hombre sin sabiduría busca felicidad en el futuro y el hombre sabio la hace crecer hoy mismo. No hay nada más triste que ver a un pesimista joven. Tu mundo luce más brillante detrás de una sonrisa. Una sonrisa es la distancia más corta entre dos personas.

¿Cuántas personas conoces tú que hayan tenido éxito haciendo algo que odiaban? «Encuentra algo que te encanta hacer y jamás tendrás que trabajar otro día más en tu vida», dice el autor Harvey Mackay. Thomas Carlyle dijo: «Oh, dame un hombre que canta al trabajar». ¡Este es el tipo de persona que yo quiero contratar y con los que quiero trabajar!

La felicidad siempre es un asunto interno. Nuestra primera opción es regocijarnos. «Y sabemos que Dios hace que todas las cosas cooperen para el bien de quienes lo aman y son llamados según el propósito que él tiene para ellos» *(Romanos 8:28 NTV).*

Dale la bienvenida a lo desconocido con alegría, no con temor. «Reír es una especie de ejercicio interno. Hace mover tus órganos. Mejora tu respiración. Es algo que despierta grandes expectaciones», dice Norman Cousins[55].

Por cada minuto que estás enojado, tú pierdes sesenta segundos de felicidad. Hay dos factores que contribuyen a la felicidad: lo que tú puedes hacer *sin* y lo que tú puedes hacer *con* lo que ya tienes. La mayoría de las personas están tan felices como en sus mentes han decidido estar. *(Abraham Lincoln)* La felicidad nunca puede ser hallada, porque jamás se perdió.

Es raro encontrarse con alguien que fracasa en algo que le gusta hacer. No te preocupes por un trabajo que no te gusta – otra persona pronto lo tendrá. Hay una sola manera de mejorar el trabajo de uno – hay que amarlo. «Recuerda el ejemplo de la pava; aunque esté llena de agua caliente, ella sigue cantando». *(Brownie Wise)*

**Sonríe – es la expresión más valiosa.**

*¡Imparable!*

# Mirando
# hacia arriba

*¡Imparable!*

## Si recoges los brotes, tendrás que hacerlo sin la cosecha

Dios es un Dios de temporadas. «Hay una temporada para todo, un tiempo para cada actividad bajo el cielo» *(Eclesiastés 3:1 NTV)*. Cosas distintas ocurren durante temporadas distintas.

Hay un invierno en Dios. Es un periodo de preparación, revelación y dirección. Este también es un tiempo cuando las raíces crecen. Dios quiere establecer la fundación correcta en ti durante esta temporada. En el invierno no hay cosecha.

Hay una primavera en Dios. Es un tiempo de sembrar, arar y cultivar. En otras palabras, es una temporada de mucho trabajo. Dios quiere que tú hagas trabajar tu plan. Tampoco hay cosecha en la primavera.

Hay un verano en Dios. El verano es un periodo de gran crecimiento. Ahora es cuando la actividad, el interés y las personas empiezan a rodear la idea que Dios te ha dado. A pesar de toda la actividad del verano, sólo hay una cosecha mínima. Luego viene el otoño.

Otoño...este el tiempo de cosecha de Dios. Es durante esta temporada que se recoge la cosecha en una proporción mucho más grande que el trabajo o la actividad que se ha llevado a cabo. Tristemente, la mayoría de las personas nunca llegan al otoño. Muchas veces ellos se dan por vencidos en pleno camino porque no saben en qué temporada están.

Entender que Dios es un Dios de temporadas te prepara para hacer la cosa correcta en el momento correcto. Esto te inspira para perseverar hasta la temporada otoñal. La Palabra de Dios nos revela esta verdad: «Así que no nos cansemos de hacer el bien. A su debido tiempo, cosecharemos numerosas bendiciones si no nos damos por vencidos» *(Gálatas 6:9 NTV).*

*Era primavera, pero yo quería el verano,*
*Los días cálidos y el aire libre.*

*Era verano, pero yo quería el otoño,*
*Las hojas coloridas y el aire fresco y seco.*

*Era primavera, pero yo quería el invierno,*
*La nieve hermosa y el gozo de las fiestas.*

*Era invierno, pero yo quería la primavera,*
*El calor y el florecer de la naturaleza.*

*Yo era un niño, pero quería ser adulto,*
*La libertad y el respeto.*

*Yo tenía 20 años, pero quería tener 30,*
*Para ser maduro y sofisticado.*

*Yo era de mediana edad, pero quería*
*tener 20,*
*La juventud y el espíritu libre.*

*Estaba jubilado, pero quería ser de*
*mediana edad,*
*La presencia de ánimo, sin límites.*

*Mi vida se acabó,*
*Pero yo nunca conseguí lo que quería.*

(Jason Lehman[56])

**Asegúrate de estar en la temporada de Dios.**

*¡Imparable!*

## La acción buena más pequeña es mejor que la intención más grande

Pocos sueños logran hacerse realidad por su propia cuenta. La verdadera prueba de una persona está en la acción. Nadie jamás se ha encontrado con algo grande al estar sentado. Ni un mosquito recibe una palmada en la espalda hasta que él no empieza a trabajar. Un famoso poema anónimo dice:

*«Quedarse sentado y desear no hace grande a nadie; el buen Señor manda los peces, pero tú debes buscar la carnada».*

Debemos darnos cuenta que uno no aprende nada mientras habla. Las palabras sin acciones son las asesinas de los sueños. *(Herbert Hoover)* La acción buena más pequeña es mejor que la intención más grande. Tú haces historia cada vez que llevas a cabo una acción correcta. La acción es el fruto adecuado del conocimiento. Recibir una idea debería ser como sentarse sobre una tachuela. Debería hacerte saltar hacia arriba y hacer algo. *(E.L. Simpson)*

«Tú, holgazán, aprende una lección de las hormigas. ¡Aprende de lo que hacen y hazte sabio! A pesar de que no tienen príncipe ni gobernador ni líder que las haga trabajar, se esfuerzan todo el verano, juntando alimento para el invierno» *(Proverbios 6:6-8 NTV)*. No hay mejor predicador que esta simple hormiga y sin embargo, ella no dice nada. El respeto se gana con acción, el respeto se pierde con la falta de acción.

Busca los atributos buenos en la gente – recuerda que ellos tienen que hacer lo mismo contigo – y luego haz algo para ayudarlos.

Un hombre de mediana edad se encontró parado delante de las puertas del cielo. San Pedro le explicó que no es tan fácil entrar al cielo. Existen ciertos requisitos que uno debe cumplir antes de ser admitido.

San Pedro le preguntó al hombre si él fue religioso cuando estaba vivo.

¿Iba a iglesia? El hombre respondió: «No». San Pedro le dijo que eso no era bueno.

¿Era generoso? ¿Le daba dinero a los pobres?

¿Apoyaba algunas obras de caridad? Su respuesta volvió a ser: «No». San Pedro le dijo que eso tampoco era bueno.

¿Hizo algunas obras buenas? ¿Ayudó a su vecino? ¿Algo por el estilo? La respuesta siguió siendo: «No». San Pedro ya estaba empezando a preocuparse.

Exasperado, Pedro le dice: «Mira, todos hacen algo bueno alguna vez. Colabora conmigo, estoy tratando de ayudarte. ¡Ahora ponte a pensar!»

El hombre hizo una pausa y dijo: «Hubo una señora anciana. Yo salí de una tienda y la encontré rodeada por una docena de motociclistas Hell's Angels. Ellos le habían robado su bolsa y estaban empujándola, insultándola y burlándose de ella».

«Yo me enojé tanto que tire mis bolsos al suelo, me abrí lugar entre la multitud y recuperé su bolsa. Yo la ayudé a pararse. Luego me acerqué al motociclista más grande y malo y le dije qué despreciable, cobarde y malo que era, y después le escupí en la cara».

«¡Vaya!», dijo Pedro. «Qué impresionante. ¿Esto cuándo ocurrió?»

«Oh, hace unos dos minutos», respondió el hombre.

Algunas personas ven la vida como un sueño vació porque no ponen nada en ella. Cada vez que uno expresa una idea, él descubre que diez más ya lo han pensado antes – pero ninguno de ellos actúo. Mark Twain dijo: «El trueno es bueno, el trueno es impresionante; pero los rayos son los que hacen el trabajo». La verdadera prueba de este libro no es hacer que el lector diga: «Qué libro inspirador», sino: «¡Yo voy a hacer algo!»

Tu competencia está dispuesta a dejarte tener sueños grandes siempre y cuando tú no hagas nada con ellos. Cuando nosotros oremos, al mismo tiempo debemos estar dispuestos a tomar la acción que Dios nos revele en la respuesta a nuestra oración. Las respuestas a tus oraciones incluirán una acción. La acción está ligada a las respuestas y al éxito.

Hay demasiadas personas que detenidamente evitan descubrir el secreto del éxito porque en el fondo de su corazón ellos sospechan que el secreto tal vez sea el trabajo duro.

**Actúa ahora.**

## Todos los grandes logros toman tiempo

Dios es un creador de planes y un estratega. Él está perfectamente organizado y cuenta con un ritmo y un fluir definido. Se parece más al mejor corredor de maratones que a un velocista. Él ya tiene en mente nuestra vida entera, no sólo el día de mañana.

Recuerda, Dios nunca llega tarde. Nunca intentes apurar a Dios. «El que crea jamás será sacudido» *(Isaías 28:16 NTV)*. Los asuntos urgentes no suelen ser urgentes. La presión por lo general nos acompaña cuando nosotros no estamos siguiendo el paso de Dios.

Proverbios 16:9 nos dice: «Podemos hacer nuestros planes, pero el Señor determina nuestros pasos» *(NTV)*. «Pon en manos del Señor todas tus obras, y tus proyectos se cumplirán» *(Proverbios 16:3)*. Los cobardes nunca empiezan algo y los indiferentes abandonan sobre la marcha. Dios es la esperanza del líder, pero la excusa del perdedor. ¿Dios es tu esperanza o tu excusa?

Sigue el ritmo de Dios; su secreto es la paciencia. Tú no pierdes tiempo al esperar en el Señor...y esperar en Él siempre vale la pena. El camino al éxito es cuesta arriba, así que no esperes quebrar ningún récord de velocidad. Todos los grandes logros toman tiempo. La felicidad es una dirección, no un destino.

Durante las horas más oscuras de la Guerra Civil, a Abraham Lincoln le preguntaron si él estaba seguro de que Dios estaba de su lado. Su repuesta fue: «Señor, yo no me preocupo por saber si Dios está de nuestro lado o no; mi preocupación principal es estar del lado de Dios, porque Dios siempre tiene la razón». Henry Ward Beecher dijo: «La fortaleza de un hombre está en averiguar para qué lado está yendo Dios e ir hacia esa misma dirección».

Caminar al ritmo de Dios te ayuda a establecer una fundación adecuada. Nada es permanente a menos que esté edificado sobre la voluntad de Dios y su Palabra. «Si el Señor no edifica la casa, en vano se esfuerzan los albañiles» *(Salmos 127:1)*. «El Señor dirige los caminos del hombre cuando se complace en su modo de vida» *(Salmos 37:23 RVC)*. Nunca te quedes en un lugar donde Dios no te ha enviado. Cuando Dios cierra y traba una puerta, no intentes entrar por una ventana.

Un cristiano caminando al ritmo de Dios es como una vela; él debe «quedarse tranquilo y arder al mismo tiempo» *(Merv Rosell[57])*. (Pero si trabajas de sol a sol, tampoco eres tan brillante.)

Cada gran persona primero tuvo que aprender cómo obedecer, a quién obedecer y cuándo obedecer. Un poema famoso dice:

*El lugar que elijo, o el lugar que evito,*
*Mi alma no se satisface con ninguno;*
*Pero cuando Tú voluntad me apunta el camino,*
*Da el mismo gozo ir o quedarse*

*(Anónimo)*

**Dios tiene en mente toda tu vida cuando Él te dirige.**

*¡Imparable!*

# El alfabeto para ser imparable

**A** -     Actitud

**B** -     Bienaventurado el que cree

**C** -     Carácter

**D** -     Decisión

**E** -     Esfuerzo

**F** -     Falta de temor

**G** -     Gratitud

**H** -     Honestidad

**I** -     Ideas

**J** -     Júbilo

**K** -     Kilométrico

**L** -     Liderazgo

**M** - Misericordia

**N** - No conformidad

**O** - Objetivos

**P** - Plegarias a Dios

**Q** - Quietud

**R** - Responsabilidad

**S** - Sensibilidad

**T** - Tenacidad

**U** - Un sentido de determinación

**V** - Vigilancia

**W** - WYSIWYG

**X** - E(x)cepcional

**Y** - Yo me someteré

**Z** - Zambullirse en entusiasmo

## Tu carácter se convierte en tu destino

Comprométete desde el principio a la excelencia. Ningún legado es tan rico como el de la excelencia. La calidad de tu vida será directamente proporcional a tu compromiso hacia la excelencia, sin importar qué elijas hacer. *(Vince Lombardi)* «Hay algo gracioso acerca de la vida; si te niegas a aceptar cualquier cosa salvo lo mejor, muchas veces acabas recibiéndolo», dijo Somerset Maugham[58]. Tarda menos hacer algo bien, que explicar por qué lo hiciste mal. *(Henry Wadsworth Longfellow)* «Existe una diferencia infinita entre algo un poco equivocado y lo correcto, entre lo bastante bueno y lo mejor, entre la mediocridad y superioridad», dijo Orison Swett Marden[59].

Cada día nosotros debemos preguntarnos a nosotros mismos: «¿Por qué deberían mis clientes/mi jefe contratarme a mí en lugar de otra persona?», o tal vez: «¿Por qué debería la gente trabajar conmigo en lugar de mis competidores?»... «Cuidado con tus acciones, ellas se convierten en hábitos; cuidado con tus hábitos, ellos se convierten en carácter; cuidado con tu carácter, él se convierte en tu destino». *(Frank Outlaw[60])*

«El pecado tiene muchas herramientas, pero una mentira es integral a cada una de ellas», dijo Oliver Wendell Homes[61]. Aquellos que son dados a decir mentiras blancas pronto pierden la capacidad de ver colores. Tal vez puedas llegar hasta los extremos del mundo mintiendo, pero jamás podrás regresar. Una mentira no tiene piernas para soportarse a sí misma – ella requiere otras mentiras. Cuando tú estiras la verdad, ten cuidado cuando se quiebre. Cada vez que tú mientes, aunque sea una pequeña mentira blanca, tú te estás empujando hacia el fracaso. No existe una manera correcta de hacer algo equivocado. Cada vez que tú eres honesto, tú te estás propulsando hacia éxitos más grandes.

La reputación crece como un hongo; el carácter crece como un roble. Algo hecho bien hoy significa menos problemas mañana. Ten cuidado de las medias verdades; tal vez te quedes agarrado a la mitad equivocada. Tú eres el único que puede dañar tu carácter. Los hombres de genio son admirados; los hombres ricos son envidiados; los hombres poderosos son temidos; pero sólo los hombres de carácter son confiados.

*Tú puedes usar cualquier medida cuando hablas del éxito.*
*Lo puedes medir con un hogar lujoso, un auto o un vestido caro.*

*Pero la medida de tu verdadero éxito es algo que no puedes gastar.*
*Es la manera que tu hijo te describe cuando él habla con un amigo.*

*(Martin Buxbaum[62])*

Las fuerzas externas no controlan tu carácter. Tú tienes el control. El valor del verdadero carácter de un hombre está en qué haría él si supiera que nadie descubriría lo que él fuera a hacer. *(Thomas Babington Macaulay)*. Preocúpate más por tu carácter que por tu reputación, porque tu carácter es lo que realmente eres, mientras que tu reputación es simplemente lo que otros piensas que tú eres.

En la carrera por la excelencia, no hay una línea de meta final. «Aquel que es bueno, sin duda será mejor, y aquel que es malo, también seguramente será peor; porque el vicio, la virtud y el tiempo son tres cosas que jamás se detienen». *(Charles Caleb Colton[63])*

Hace poco yo vi una placa que decía:

*«La excelencia puede ser obtenida si tú:*
*...te preocupas más de lo que otros*
*piensan es sabio;*
*...arriesgas más de lo que otros piensan*
*es seguro;*
*...sueñas más de lo que otros piensan*
*es práctico;*
*...esperas más de lo que otros piensan*
*es posible.»*

**La excelencia es contagiosa.**
**¡Empieza una epidemia!**

## ¿Dios ya ha terminado de obrar en ti?

Si tú aún estás respirando, la respuesta es «no». No te mueras hasta que estés muerto. Salmos 138:8 nos dice: «Tú, Señor, cumplirás en mí tus planes» *(RVC)*. Dios está continuamente perfeccionando y afinando a cada uno de nosotros. Él quiere cumplir todas sus promesas y sus propósitos en nuestras vidas.

Romanos 11:29 dice: «Porque las dádivas de Dios son irrevocables, como lo es también su llamamiento». Lo que Dios ha puesto en ti se quedará contigo por el resto de tu vida. Él quiere usar lo que Él te ha dado para cumplir su plan para tu vida. Si tú no has hecho nada con lo que Él ha puesto dentro de ti, ¡Él todavía quiere usarte! Si has fracasado muchas veces, ¡Él todavía quiere usarte!

¿Cómo puedes hacer para volver a moverte con Dios? Haz esta simple oración: «Señor, envíame oportunidades pequeñas a mi vida para que yo pueda empezar a usar lo que Tú has puesto dentro de mí».

«La creación de mil bosques está dentro de una sola bellota», dijo Ralph Waldo Emerson. El cumplimiento de tu destino está dentro de las semillas de los dones y el propósito que Dios te ha dado.

Dios comienza con algo positivo y termina con algo positivo. «Y estoy seguro de que Dios, quien comenzó la buena obra en ustedes, la continuará hasta que quede completamente terminada el día que Cristo Jesús vuelva» *(Filipenses 1:6 NTV)*. Jesús aún no ha regresado, así que eso significa que Dios todavía no ha terminado contigo. La voluntad de Dios para con nosotros es que tengamos ímpetu – yendo de una obra buena a otra.

No te conformes con simplemente hacer otras cosas; sigue haciendo cosas más grandes. Los dolores de ser exitoso son todos dolores de crecimiento y esos dolores de crecimiento conducen a la madurez. El camino de Dios se hace claro mientras caminamos en él. Cuando la fe se estira, crece. «Mientras más hacemos, más podemos hacer...» *(William Hazlitt[64])*.

Oportunidades más amplias y un ímpetu más grande son las recompensas de los logros pasados. Si vas a trepar, tú debes agarrar las ramas, no los brotes. El éxito convierte a demasiadas personas en fracasos cuando ellos se detienen tras una victoria. No te des por vencido después de una victoria. Cuando tú haces lo que puedes hacer, Dios hará lo que tú no puedes. ¡Él no ha terminado de obrar en ti!

**Lo que tú pensabas estaba muerto aún tiene vida.**

*¡Imparable!*

## *Tú nunca obtendrás lo que no estés dispuesto a buscar*

Imagina empezar el día de mañana como nunca antes lo has hecho. En vez de estirar tu cuerpo al salir de la cama, estira todo tu ser con todas las cosas buenas que Dios tiene guardadas para ti. Piensa, planifica, cree y ora por las cosas grandes que requieren la participación de Dios.

Toma control de cada día desde el comienzo. La mayoría de las personas pierden una hora al inicio de cada día y luego pasan el resto del día intentando recuperarla. La primera hora de la mañana es el timón del día. Nunca empieces tu día en punto muerto. Toma la ofensiva. Crea un hábito de iniciativa. La persona que no necesita un jefe es la que suele ser elegida para ser uno. Cuando tú eres un emprendedor, no hace falta que otros te den manija.

Los deberes demorados son el deleite de la competencia. A ellos no les importa cuáles son tus planes mientras que tu no hagas nada con ellos.

Era el día después de Navidad en una iglesia en San Francisco. El pastor de la iglesia estaba mirando el pesebre y notó que el niño Jesús no estaba entre las figuras. De inmediato él se dio vuelta y fue hacia afuera y vio a un niño con una carretilla roja, y en esa carretilla estaba la figura del niño Jesús.

Así que él se acercó al niño y le preguntó: «Dime amigo, ¿dónde lo encontraste a Él?»

El niño le respondió: «Lo encontré en la iglesia».

«¿Y por qué te lo llevaste?»

El chico le explicó: «Bueno, es que una semana antes de Navidad yo le oré al niño Jesús y le dije que si Él me daba una carretilla roja para Navidad, yo lo llevaría dar una vuelta alrededor de la manzana».

Tú nunca obtendrás lo que no estés dispuesto a buscar. Si tú tienes una meta en la vida que requiere mucha energía, despierta una gran cantidad de interés y representa un desafío para ti, tú siempre estarás con ganas de empezar cada día nuevo. Toma la ofensiva desde el inicio; nunca le cedas terreno a los problemas. Tu crecimiento personal está escondido en tu estrategia diaria para la vida.

Apodérate de tu destino; no dejes que se te escape. Si Dios te ha llamado, no mires detrás de ti para ver quién te está siguiendo. «Cada uno debería permanecer tal como estaba cuando Dios lo llamó» *(1 Corintios 7:20 NTV)*. «La agonía cruda y física de la Cruz fue nada comparada a la indiferencia de la multitud en la calle principal mientras pasaba de largo Jesús» *(Allan Knight Chalmers*[65]*)*. No vivas una vida indiferente, como si Dios no hiciera nada por ti.

«Cree en seis cosas imposibles antes de desayunar» (Reina de *Alicia en el país de las maravillas*). Como ya he dicho antes, toma la ofensiva y no le des comienzo a tu día en punto muerto. Lo que tú haces cuando «no tienes nada que hacer» es lo que revela qué eres y qué crees. El desayuno de los campeones no son Wheaties; es conectar con Dios para empezar tu día. Introduce a Dios desde el principio y tú siempre terminarás bien.

**Empieza tu día de la manera correcta y nunca mires hacia atrás.**

*¡Imparable!*

## No hay nada más importante que saber por ti mismo

Deja de depender de otras personas y empieza a depender de Dios. Él es la fuente de tu dirección. Hay demasiadas personas que basan lo que *ellos* creen, hacen y dicen sobre lo que *otras personas* creen, hacen y dicen. La revelación sólo es una revelación cuando es *tu* revelación. La mejor manera para conocer a Dios es por medio de la revelación, no la explicación.

Por supuesto que Dios usa ministros, líderes, libros, audio, música y televisión para hablar verdad en nuestras vidas. Pero no podemos conformarnos con lo que ellos dicen. Nuestra fe sólo funciona cuando creemos por nosotros mismos y demandamos algo de ella. Si la fe de otra persona no te puede llevar al cielo, tampoco te puede llevar a tu destino. No creas algo solamente porque el «hermano tal y tal» lo cree.

Cree porque Dios te lo ha mostrado a *ti* y te

lo ha confirmado en su palabra. Él desea tener una relación personal contigo. La gente que no ora o que intenta «descubrir por su propia cuenta» en realidad está declarando que ellos no necesitan a Dios. Judas Iscariote escuchó todo los sermones de Cristo, pero es obvio que él no permitió que se convirtieran en un descubrimiento personal.

Hay dos clases de personas insensatas. Una dice: «Esto es viejo, por lo tanto es bueno». La otra dice: «Esto es nuevo, por lo tanto es mejor». No intentes hacer algo sin estar seguro de ello por ti mismo; sin embargo, no lo abandones simplemente porque alguien no esté seguro de ti. Esto lo podemos ver en Mateo 16:17 cuando Jesús dijo: «...porque no te lo reveló carne ni sangre, sino mi Padre que está en los cielos» *(RVR)*. Él estaba respondiendo al comentario de Pedro, que dijo: «Tú eres el Cristo, el Hijo del Dios viviente» *(Mateo 16:16 RVR)*.

Tú siempre estarás más convencido por lo que *tú* has descubierto que por lo que *otros* han descubierto. Las convicciones más importantes en nuestras vidas no se pueden alcanzar con la palabra de otra persona. Lo cierto es que «la Biblia es tan simple que se necesita alguien más para ayudarte a malinterpretarla», como dice Charles Capps[66]. Los teólogos siempre están intentando convertir la Biblia en un libro sin sentido común. Dios ha hecho que sea fácil descubrir las cosas por nuestra propia cuenta.

Pídele su ayuda. ¿¡Alguna vez has hecho la siguiente oración?

«Querido Señor, hasta ahora he hecho las cosas bien. No he chismeado, no me he enojado, no he sido avaro, malhumorado, malo, egoísta o sobreindulgente. Yo estoy muy contento de esto. Pero en unos minutos, Dios, yo voy a levantarme de mi cama y de ahí en adelante, yo voy a necesitar mucha más ayuda».

*(Autor desconocido)*

John Wesley lo dijo de la mejor manera: «Cuando yo era joven, yo estaba seguro de todo; en unos años, tras haberme equivocado mil veces, no estaba tan seguro de tantas cosas como antes; ahora, yo sólo estoy seguro de lo que Dios me ha revelado».

**Deja de saber lo que *otros* creen y empieza a saber lo que *tú* crees.**

*¡Imparable!*

## Algo siempre está dominando el día de cada persona

¿Cuáles son las cosas que influyen, dominan y controlan tu día? ¿Son las noticias del día, tu vecino negativo, el recuerdo de un fracaso? ¿O es el plan de Dios para ti, la oportunidad que tienes por delante, Su palabra en tu corazón, un cántico de alabanza a Él? Deja que el plan que Dios tiene para tu vida domine tu día...o alguna otra cosa lo hará.

La mediocridad tiene su propia clase de intensidad. Ella quiere dominar tu día. Empieza en algún lugar y conduce a todas partes. Puede influir y afectar cada área de tu vida si tú se lo permites. «Algunas tentaciones le vienen a los industriosos, pero todas las tentaciones atacan a los ociosos» *(Charles Spurgeon)*. Una vida fructífera no es producto de una casualidad; es el resultado de las decisiones correctas. Tanto el mal como el bien pueden intentar dominar tu día – la opción es tuya.

- Cuando las noticias intentan dominar tu día, deja que las buenas noticias dominen tu día.

- Cuando el pasado intenta dominar tu día, deja que tus sueños dominen tu día.

- Cuando el temor intenta dominar tu día, deja que la acción correcta domine tu día.

- Cuando la procrastinación intenta dominar tu día, deja que los pasos pequeños dominen tu día.

- Cuando las críticas intentan dominar tu día, deja que el propósito de tu corazón domine tu día.

- Cuando las influencias equivocadas intentan dominar tu día, deja que las relaciones correctas dominen tu día.

- Cuando la confusión intenta dominar tu día, deja que la Palabra de Dios domine tu día.

- Cuando la soledad intenta dominar tu día, deja que la oración domine tu día.

- Cuando la contienda intenta dominar tu día, deja que la paz domine tu día.

- Cuando tu mente intenta dominar tu día, deja que el Espíritu Santo domine tu día.

- Cuando la envidia intenta dominar tu día, deja que bendecir a los demás domine tu día.

- Cuando la avaricia intenta dominar tu día, deja que la generosidad domine tu día.

**Deja que Dios domine tu día.**

*¡Imparable!*

## Si triunfas desde el principio, prueba algo más difícil.

Todo progreso se debe a aquellos que no quedaron satisfechos con el estado actual de las cosas. «Las bellotas sabían bien hasta que se descubrió el pan» *(Francis Bacon[67])*. La mayoría de los hombres se encuentran con el fracaso debido a su falta de persistencia en crear nuevos planes para reemplazar aquellos que han fracasado. *(Napoleon Hill)*

Una vez que has encontrado una manera mejor para hacer algo, hazla aún mejor. No hay ningún error tan grande como el error de no seguir adelante después de una victoria. Si no se te ocurre una idea nueva, encuentra una manera para poder usar mejor una idea vieja. «Donde no podemos inventar, por lo menos podemos mejorar» *(Charles Caleb Colton)*.

No busques *la* respuesta para tu problema; busca *muchas* respuestas, y luego elige la mejor. La persona que triunfa es la que hace más de lo necesario – y luego lo sigue haciendo. La diferencia entre lo ordinario y lo extraordinario es ese pequeño extra. *(Zig Ziglar)*

Siempre hay una manera de hacer algo, y siempre hay una manera *mejor* de hacerlo. Cuando has descubierto algo, sigue mirando; ¡la escuela nunca termina! Mientras más desees algo, más intentarás buscar y encontrar una manera mejor de obtenerlo.

Mientras más profundamente buscamos a Dios, más profunda es la presencia de Él en nosotros. «Oirá el sabio, y aumentará el saber» *(Proverbios 1:5 RVR)*. Si tú estás satisfecho con lo bueno, nunca tendrás lo mejor.

«Lo importante es lo que aprendes después de saberlo todo». *(John Wooden)* El hombre que piensa que él ya lo sabe todo simplemente ha dejado de pensar. Si tú piensas que «ya has llegado», quedarás atrás. Lo importante es esto: ser capaz en cualquier momento de sacrificar lo que somos en favor de lo que podemos ser. El hombre exitoso sigue buscando trabajo después de haber encontrado un empleo.

Haz que algo ocurra. «Muéstrame un hombre completamente satisfecho, y yo te mostraré un fracaso». *(Thomas Edison[68])* «Hay dos clases de hombres que nunca triunfan», le comentó Cyrus H.K. Curtis un día a su socio Edward Bok.

«¿Y cuáles son?», preguntó Bok.

«Aquellos que no pueden hacer lo que se les dice», respondió el famoso editor, «y aquellos que no pueden hacer nada aparte de eso».

Encuentra una manera mejor de hacer algo y luego mejórala aún más.

**Siempre hay una manera mejor.**

*¡Imparable!*

## *Dios te hizo*

- Dios te hizo diferente, no indiferente.

- Dios te hizo extraordinario, no ordinario.

- Dios te hizo significante, no insignificante.

- Dios te hizo competente, no incompetente.

- Dios te hizo activo, no pasivo.

- Dios te hizo indispensable, no desechable.

- Dios te hizo efectivo, no defectivo.

- Dios te hizo experto, no inepto.

- Dios te hizo distinto, no nebuloso.

- Dios te hizo adecuado, no inadecuado.

- Dios te hizo eficiente, no ineficiente.

- Dios te hizo superior, no inferior.

- Dios te hizo solvente, no insolvente.

- Dios te hizo sensato, no insensato.

- Dios te hizo eficiente, no deficiente.

- Dios te hizo consistente, no inconsistente.

- Dios te hizo perceptivo, no vengativo.

- Dios te hizo irresistible, no resistible.

- Dios te hizo sensible, no insensible.

- Dios te hizo poco común, no común.

- Dios te hizo decisivo, no indeciso.

- Dios te hizo un original, no una copia.

Cuando Dios te creó, eso puso una sonrisa en Su rostro; fue algo que le agradó a Él. Acepta la manera que Él te creo y sométete al plan único que Él tiene para tu vida. Sus planes son buenos en cada manera. Como dijo Ethel Waters[69]: «Yo sé que soy alguien importante porque Dios no crea chatarra».

**Las excusas reemplazan el progreso.**

L as excusas son los clavos usados para edificar una casa de fracasos. Una coartada es peor y más terrible que una mentira, porque una coartada es una mentira protegida. Las coartadas son una especie de egoísmo dado vuelta. «El noventa y nueve por ciento de los fracasos llegan de parte de gente que tiene el hábito de crear excusas». *(George Washington Carver[70])*

Cuando tú eres bueno para hacer excusas, resulta difícil sobresalir en cualquier otra cosa. No hagas excusas, haz progreso. Una persona puede fracasar muchas veces, pero no será un fracaso hasta que no haya culpado a otra persona o alguna otra cosa. *(John Burroughs)*

Puede haber muchas razones para un fracaso, pero nunca habrá una sola excusa. Nunca permitas que un desafío se convierta en una justificación para darte por vencido. Tú tienes una opción: puedes dejar que el obstáculo sea una excusa o una oportunidad. Ninguna coartada jamás servirá el propósito de Dios.

La gente infiel siempre encontrará una coartada. «Yo jamás conocí un hombre bueno para crear excusas que también era bueno en cualquier otra cosa». *(Ben Franklin[71])* Los fracasados y los que abandonan siempre empiezan a soltar coartadas, justificaciones, y llantos de lástima por sí mismos. La persona que verdaderamente quiere hacer algo, busca una manera de hacerlo; el otro encuentra una excusa.

En un seminario reciente, uno de los oradores comenzó su presentación con algo que al principio fue considerado como un comentario muy polémico. Él hizo una pausa bastante dramática y dijo: «¿Qué tipo de mentiras te sigues diciendo a ti mismo?» Aunque la sala quedó completamente enmudecida, todos sabían que su pregunta había tocado una fibra sensible en la audiencia.

Él fácilmente podría haber dicho: «¿Cuáles son las coartadas que te sigues diciendo a ti mismo?»

En la vida, tú puedes tener resultados

o razones. Si no estás obteniendo los resultados que deseas, las razones son las mentiras que te sigues diciendo a ti mismo. Las mentiras y las coartadas crean una falsa idea de que nosotros carecemos del poder para cambiar el estado actual de las cosas.

¿Acaso no todos mentimos de esta manera? Nos encantan las excusas y nos esforzamos muchísimo para defenderlas. A fin de cuentas, nuestras razones son nuestras historias, y son nuestras historias lo que nos definen. ¡Estas experiencias nos «han hecho como somos hoy»! Así son las cosas...

¿Resultados o razones – de cuál tienes más? Si has respondido razones, es tiempo de analizar las mentiras. Ten cuidado con lo que tú estás de acuerdo – ¡los resultados pueden ser letales!

Las excusas siempre precipitan fracaso. «El pan robado tiene un sabor dulce, pero se transforma en arena dentro de la boca» *(Proverbios 20:17 NTV)*. Los que más éxito tienen en crear excusas no tienen energía para hacer cualquier otra cosa.

Se ha dicho que «una excusa es una capa fina de falsedad que ha sido estirada sobre una mentira descarada». Para cada pecado,

Satanás está listo para proveer una excusa.. Cuando tú dices «las condiciones no son adecuadas», tú estás limitando a Dios. Si tú esperas para que las condiciones estén perfectas, tú nunca obedecerás a Dios.

El éxito es simplemente un producto de la suerte. Pregúntaselo a cualquier fracasado. *(Earl Wilson)* Siempre hay suficientes excusas disponibles si tú eres lo suficientemente débil para usarlas. No aceptes esa coartada.

**Cambia tus coartadas por oportunidades.**

## Para la persona tenaz, siempre hay tiempo y oportunidades

Sé agresivo y ve en búsqueda de las oportunidades. Ellas tal vez no te encuentren a ti. La razón por la cual algunas personas no llegan muy lejos en la vida es porque ellos esquivan las oportunidades y le dan la bienvenida a la procrastinación. La procrastinación es la tumba en la cual está enterrada la oportunidad. Cuando la oportunidad golpee tu puerta, no te quedes plantado en el jardín buscando tréboles de cuatro hojas. Para la persona tenaz, siempre hay tiempo y oportunidades.

Presta atención a los problemas grandes; ellos ocultan grandes oportunidades. La oposición, la distracción y los desafíos siempre están presentes en la creación de un sueño. Así que aprovecha al máximo todo lo que venga y presta poca atención a todo lo que se va. *(Sara Teasdale)* La adversidad es tierra fértil para la creatividad.

Para el lector atento, las interrupciones son oportunidades que han sido insertadas divinamente. Si tú estás buscando una gran oportunidad, busca un problema grande. La adversidad tiene sus ventajas, así que apodérate de la situación.

Los momentos decepcionantes de la vida son las citas escondidas de la oportunidad. Cuando Dios está a punto de hacer algo maravilloso, Él comienza con una dificultad; si Él está por hacer algo *muy* maravilloso, ¡Él empieza con algo imposible!

«El hombre sabio crea más oportunidades que las que encuentra», dijo Francis Bacon. Es más valioso encontrar una situación que redistribuye oportunidades que una que redistribuye riquezas. ¿Alguna vez has notado que las personas grandes nunca carecen de oportunidades? Cuando las personas exitosas hacen entrevistas, ellas siempre mencionan sus grandes planes para el futuro. La mayoría de nosotros pensaríamos: «Si yo estuviera en su lugar, yo me relajaría y no haría nada». El éxito no disminuye sus sueños. Ellos siempre han sido así, incluso antes de que fueran grandes.

Las oportunidades son mucho más abundantes que el talento. La vida está llena de oportunidades doradas para hacer lo que hemos sido llamados a hacer. Empieza con lo que tú *puedes* hacer; y no te detengas por causa de algo que *no puedes* hacer. En el huerto de la oportunidad, es mejor recoger el fruto que esperar que este caiga sobre tu falda.

Las grandes oportunidades y el gozo le vienen a aquellos que aprovechan al máximo las oportunidades más pequeñas. En la parábola de los talentos, el amo le dijo al siervo que usó lo que tenía: «Bien, buen siervo y fiel, sobre poco has sido fiel, sobre mucho te pondré. Entra en el gozo de tu señor» *(Mateo 25:23 RVC)*.

Muchas personas parecen creer que la oportunidad representa una chance de obtener dinero sin merecerlo. Los mejores regalos que Dios nos da no son cosas, sino oportunidades. Y todas estas puertas de oportunidad están marcadas con la palabra «empujar».

**La oportunidad está toda a tu alrededor.**

*¡Imparable!*

## Deja que tu imaginación supere tu alcance

Ensancha tus horizontes. Todos nosotros vivimos bajo el mismo cielo, pero no todos tenemos el mismo horizonte. Los líderes siempre tienen una visión más amplia. Ensanchar tus horizontes significa que tú eres capaz de ver el potencial grande que está a tu alrededor. Cuando tú ensanchas tus horizontes, tu vida cambiará. Tú empezarás a ver las cosas que te rodean de una manera muy diferente.

Las demandas del mundo no controlan la provisión del líder. ¿Tú arriesgas lo suficiente como para ejercer tu fe? «No tengas miedo de tomar un gran paso si uno es indicado. No puedes cruzar un abismo en dos saltos pequeños». *(David Lloyd George)* «Apunta al sol, y tal vez no lo alcances; pero tu flecha volará mucho más alto que si estuviera apuntada a un objeto al mismo nivel que ti mismo». *(Joel Hawes[72])*

Los horizontes de una mujer fueron cambiados para siempre después de haberse encontrado con Picasso en un restaurante y haberle pedido que le dibuje algo en su servilleta. Ella dijo que estaría contenta de pagarle cualquier suma que él considerara justa. Picasso hizo lo que ella le pidió y luego le dijo: «El precio será $10.000».

«¡Pero sólo te tardó 30 segundos hacer esto!», dijo la mujer.

«No», le respondió Picasso: «Me ha tardado 40 años poder hacer eso».

«Así que, si el Hijo los liberta, serán verdaderamente libres» *(Juan 8:36 RVC)*. Conocer a Jesús trae libertad, y la libertad te libera para ver y pensar en un plano más alto. La visión es el arte de ver lo que es invisible para los demás. *(Jonathan Swift)*

Si lo que hiciste ayer te parece grande, hoy no has hecho nada. *(Lou Holtz)* Tú jamás aprenderás fe en un ambiente cómodo. Cuando Dios te estira, tú nunca volverás a retomar tu forma original. El que tiene miedo de hacer demasiado siempre hace demasiado poco. Asegúrate de que el camino en el que estás no conduzca a una calle sin salida.

«El hombre no puede descubrir océanos nuevos a menos que él tenga el coraje para perder de vista la costa». *(Anónimo)* ¡Es por esto que yo creo que Jesús quiere que llevemos nuestra barca «hacia la parte honda»! *(Lucas 5:4 RVC)* Hoy se está desperdiciando suficiente poder espiritual como para humillar a las cataratas de Niagara. A menos que tú intentes hacer algo más allá de lo que ya has dominado, tú nunca crecerás. *(Ralph Waldo Emerson)*

**Mira a tu alrededor...luego mira un poco más lejos...y después mira aún más lejos.**

*¡Imparable!*

## No puedes probar tu destino de manera precavida

No puedes probar tu destino de manera precavida. Las intenciones buenas no son suficiente. *(Harvey Mackay)* «No juegues para la seguridad – esa es la cosa más peligrosa en el mundo». *(Hugh Walpole[73])* ¿Cuántos campeonatos han sido ganados por equipos que sólo hacen jugadas precavidas?

La clave es la siguiente: rechaza la seguridad de quedarte donde estás en favor de la maravilla de lo que podrías llegar a ser. A menos que tú intentes hacer algo más allá de lo que has hecho antes, tú nunca crecerás.

Viajando alrededor de los Estados Unidos y el mundo, yo he visto muchas cosas. A veces me encuentro volviendo a los mismos lugares, encontrándome con las mismas personas, en visitas separadas por varios años. Muchas veces el cambio en sus apariencias es asombroso (me alegra que yo tampoco he envejecido). A veces no lo es (qué gente afortunada). De vez en cuando yo me encuentro con alguien que sigue estando en exactamente el mismo lugar que la última vez que yo los vi. Es como si ellos estuvieran atrapados en una burbuja de tiempo – el mismo problema, las mismas excusas; la misma historia, el mismo fin. Y esta es una verdad absoluta: ellos siempre están tristes. Hay una razón para esto. Ellos están haciendo, actuando y diciendo lo mismo año tras año. Con razón que ellos están abatidos y tristes.

La mediocridad puede ser definida como lo mejor de lo peor, y lo peor de lo mejor. La palabra potencial es la palabra más hueca del mundo. Significa que tú aún no has dado tu mejor esfuerzo. Las buenas intenciones son como los cheques que la gente cambia en un banco donde no tienen una cuenta. Todas las personas mediocres tienen buenas intenciones.

Se ha dicho que el peor enemigo de lo grande es lo bueno. No te conformes con lo que es suficientemente bueno. Tolerar la mediocridad en otras personas te hace más mediocre a ti. Sólo una persona mediocre está siempre en su mejor momento.

Un hombre no puede ganarse un lugar bajo el sol si él siempre está refugiándose bajo el árbol genealógico. *(Helen Keller)* ¡Ve hacia adelante! «A la gente que nunca hace más de lo que le pagan, nunca le pagan por más de lo que hacen». *(Elbert Hubbard[74])* La respuesta es simple – ¡haz más!

Una persona que es demasiado precavida quema los puentes de oportunidad antes de acercarse a ellos. La mayoría de las personas que están sentadas esperando la cosecha no han plantado nada. El hombre común no quiere mucho y por lo general recibe aún menos que eso.

Una acción atrevida es más valiosa que mil intenciones buenas. « La seguridad principalmente es una superstición. No existe en la naturaleza, y los seres humanos por lo general no la sienten. Esquivar el peligro no es más seguro que exponerse a él. La vida es una aventura audaz, o no es nada». *(Helen Keller)*

**Cambia las buenas intenciones por grandes comienzos.**

*¡Imparable!*

## Las metas correctas generan los resultados correctos

«Dios no nos llama a que seamos exitosos. Él nos llama a que seamos fieles». *(Albert Hubbard)* La gran mayoría de gente tiene sus ojos fijos en las metas equivocadas. ¿Tu meta es tener más dinero, una posición más alta o más influencia? Estas no son metas, sino consecuencias de metas.

Jesús nunca le enseño a los hombres cómo ganarse la vida. Él les enseño cómo vivir. *(Dr. Bob Jones Sr.)*

¿Qué es una verdadera meta? Es lo siguiente: «Recita siempre el libro de la ley y medita en él de día y de noche; cumple con cuidado todo lo que en él está escrito. Así prosperarás y tendrás éxito» *(Josué 1:8)*. Trabaja para *ser* algo, no para *adquirir* algo. Dios quiere frutos eternos, no locos religiosos.

No busques el éxito en sí. En su lugar, busca la verdad, y encontrarás ambas cosas. «Por lo tanto, busquen primeramente el reino de Dios y su justicia, y todas estas cosas les serán añadidas» *(Mateo 6:33 RVC)*. Mide tu riqueza no por las cosas que tú tienes, sino por las cosas que tienes por las cuales no aceptarías dinero.

«La felicidad no es una recompensa – es una consecuencia. El sufrimiento no es un castigo – es un resultado», dijo Robert Green Ingersoll[75]. Haz lo mejor que puedas y deja el resto de los resultados en manos de Dios. La palabra potencial *es* la palabra más hueca en el mundo, pero Dios puede llenarla hasta que esté rebosando.

«Qué pequeña es la porción de tierra que nos guardará cuando estemos muertos, a nosotros que ambiciosamente buscamos poseer el mundo entero mientras vivimos». *(Anónimo)* «¿Y qué beneficio obtienes si ganas el mundo entero pero pierdes tu propia alma?» *(Marcos 8:36 NTV)*.

La gente es rara; ellos gastan dinero que no tienen, para comprar cosas que no necesitan, para impresionar a gente que no le cae bien. No vivas tu vida de manera improductiva. En 1992, Frank Perkins de Los Angeles intentó batir el récord de más tiempo pasado sentado sobre un mástil de bandera. Cuando él finalmente bajó, a tan sólo ocho horas de batir el récord de 400 días, su patrocinador había caído en bancarrota, su novia lo había dejado y su servicio de teléfono y electricidad había sido cortado.

El éxito no depende de lograr lo que tú has apuntado, sino de apuntar a lo que tú deberías lograr. Haz lo que Dios quiere que tú hagas, y confía que Él se encargará del resto.

**Busca primero a Dios y todo lo que tú quieras te llegará.**

*¡Imparable!*

## *Invierte en ti mismo*

De tanto en tanto, Dios nos envía oportunidades divinas para invertir en nosotros mismos. Está atento a ellas. Él hace esto primero por medio de su Palabra, que por cierto es la mejor inversión que podemos hacer en nosotros mismos. Él también nos manda muchas otras «oportunidades para invertir».

Yo he incorporado muchas de estas en mi propia vida. Por ejemplo, mi esposa y yo tenemos una «cita romántica» por semana que ha sido una gran inversión en nuestro matrimonio. Además, cada sábado cuando nuestros hijos eran pequeños, nosotros nos «escapábamos» de mamá para comer un desayuno temprano juntos. Este tiempo era bárbaro para los niños y para mí, y también le daba un lindo descanso a mi esposa.

Todo lo que tu dices o haces representa una inversión en alguna área. Si esa inversión genera una ganancia o una pérdida depende de ti. Siempre esfuérzate al máximo, porque lo que plantas hoy, lo cosecharás después. *(Og Mandino)*

Uno de los errores más grandes que tú puedes hacer es creer que tú trabajas para otra persona. Sin importar cuántos jefes a ti te parece que tienes, en realidad tú trabajas para Dios. Tú no puedes mirar a los demás como tu fuente. Es por eso que acceder a las oportunidades de inversión de Dios es tan importante. Esas son las maneras que Él usa para desarrollarnos e instruirnos.

«Cuando un tirador le erra al blanco, él se mira a sí mismo para estudiar por qué falló. Errar al blanco nunca es culpa del objetivo. Para mejorar tu puntería – mejórate a ti mismo», dice Gilbert Arland[76].

Cuando te llegue la prosperidad, no la uses toda; comparte un poco con los demás y así invertirás en ti mismo. Una mitad de saber lo que quieres es saber qué debes sacrificar antes de poder conseguirlo. El tiempo invertido en mejorarnos a nosotros mismos reduce la cantidad de tiempo desperdiciada menospreciando a otras personas.

«Esfuérzate por presentarte a Dios aprobado, como obrero que no tiene de qué avergonzarse» *(2 Timoteo 2:15)*. nvertir no cuesta; es algo que paga. Tú no puedes cumplir tu destino sin aplicar el principio de invertir en ti mismo.

**Aprovecha las oportunidades que Dios te manda para invertir en ti mismo.**

*¡Imparable!*

## Espera lo contrario.

Entre otras razones principales, la Biblia fue escrita para enseñarnos a esperar cosas contrarias a lo que nosotros vemos en el mundo. De hecho, «no puedo creer lo que ven mis ojos» es una declaración muy espiritual, porque hemos sido instruidos a «caminar por fe, y no por vista» *(2 Corintios 5:7)*.

Uno de los principios de Dios sobre las cosas opuestas está en Juan 3:30: «Es necesario que él (Jesús) crezca, y que yo (Juan el Bautista) decrezca» *(RVC)*. Dios nos dice que nosotros debemos dar para recibir, morir para vivir, y servir para liderar.

En este mundo de opuestos – lo que Pat Robertson llama «el reino dado vuelta» – «El que llorando esparce la semilla, cantando recoge sus gavillas» *(Salmos 126:6)*, y: «El que encuentre su vida, la perderá, y el que la pierda por mi causa, la encontrará» *(Mateo 10:39)*.

Cuando viene el temor, espera lo contrario – que la fe se levante en ti.

Cuando los síntomas atacan tu cuerpo, espera lo contrario – que el poder sanador de Dios te toque.

Cuando la tristeza quiere pegarse a ti, espera lo contrario – que tu ser será inundado con gozo.

Cuando se presenta la necesidad, espera lo contrario – que la provisión de Dios suplirá tus necesidades.

Cuando aparece la confusión, espera lo contrario – que la paz de Dios te confortará.

Cuando la oscuridad intenta taparte, espera lo contrario – que la luz de Dios brillará sobre ti.

Dios elige a hombres y mujeres ordinarias para hacer cosas extraordinarias. «Pero Dios escogió lo insensato del mundo para avergonzar a los sabios, y escogió lo débil del mundo para avergonzar a los poderosos...a fin de que en su presencia nadie pueda jactarse» *(1 Corintios 1:27, 29 RVC).*

Si en medio de tu destino tú te sientes débil

y sin sabiduría, no te preocupes. Dios está preparándose para ayudarte y usarte. Jesús predicó su sermón del monte para sacarnos del valle del desánimo.

Este poema famoso lo explica de la mejor manera:

> *La duda ve los obstáculos,*
> *La fe ve el camino.*
> *La duda ve la noche más oscura,*
> *La fe ve el día.*
> *La duda teme tomar un paso,*
> *La fe vuela por las alturas.*
> *La duda pregunta: «¿Quién cree?»*
> *La fe responde: «Yo creo».*
>
> *(Rich DeVos)*

**Recuerda, las impresiones mienten – especialmente las primeras impresiones de tus problemas.**

*¡Imparable!*

## Nota/correo electrónico

Destinatario: Tú

De: Dios

Fecha: Hoy

Tema: Lo que yo pienso de ti

Yo quiero que sepas que te he conocido desde antes de la fundación del tiempo. Yo conozco hasta los cabellos de tu cabeza. Yo te creé a propósito, con un propósito. Yo te miré y vi que fuiste creado maravillosamente. Hasta fuiste creado en mi propia imagen.

Yo sé los planes que tengo para ti, planes de bien y no de mal, planes para darte esperanza y un futuro.

Yo también te di dones para prepararte y equiparte para el plan que yo tengo para ti.

Estos dones son irrevocables. No los ignores. ¡Úsalos y despiértalos!

Yo quiero que estés seguro de esto: cuando yo empiezo una obra buena en ti, yo la continuaré hasta completarla el día que vuelva Jesús.

Aunque tal vez te encuentres con tribulaciones en este mundo, yo quiero que sepas que en mí, tú tienes paz. Alégrate; yo he dominado el mundo.

Yo no me olvido de mis promesas. Mi palabra reina en el cielo para siempre y mi fidelidad es para todas las generaciones. Lo que yo he hablado, yo también lo haré realidad. Lo que yo he propuesto, yo también haré.

Tú puedes mirar a mí como refugio y fuerza, una ayuda presente en tiempos de problema. Échame tus cargas, y yo te sustentaré. Yo nunca permitiré que los justos caigan.

Llámame cuando estés afligido y yo te daré descanso. Porque yo soy tu roca, tu fortaleza, tu redentor, tu fuerza en la cual puedes confiar. Aunque te caigas, tú no quedarás desamparado. Yo te sostendré con mi mano.

No le prestes tu oído a los impíos, no estés

codo a codo con los pecadores y no te sientes con los escarnecedores. Al contrario, deléitate todo el día en mi palabra. Si haces esto, tú serás como el árbol plantado a la orilla del río. Tú darás tu fruto en su tiempo y todo lo que hagas prosperará.

Por último, yo quiero que sepas que te amo. Yo te amo tanto que yo di mi único hijo por ti. Cuando tú crees en Él, tú no morirás sino que tendrás sanidad, libertad, victoria, perdón y vida eterna.

*¡Imparable!*

# Una última palabra

Sé la persona imparable que Dios quiere que seas. No te conformes con nada menos que eso. No mires hacia atrás. Mira hacia adelante y decide hoy tomar pasos hacia el plan único que Él tiene para tu vida.

¿Cuál es el secreto del éxito?

«Claridad a través del dolor», dijo la ventana.

«Mantenerse fresco», dijo el hielo.

«Golpear fuerte», dijo el martillo.

«Estar a la altura», dijo la escala.

«Estar a tiempo», dijo el calendario.

«Apunta a ser dirigido», dijo el lápiz.

«Ser agudo», dijo el cuchillo.

«Ser responsable», dijo el libro de contabilidad.

«Ser cálido», dijo el fuego.

«Ser puntual», dijo el reloj.

«Aferrarse bien», dijo el pegamento.

«Ser brillante», dijo la luz.

«Ser original», dijo la pintura.

«No parar», dijo la luz verde.

# Sobre el autor

John Mason es un autor exitoso con ventas internacionales, ministro, entrenador de autores ejecutivos y un orador reconocido. Él es fundador y presidente de Insight International y Insight Publishing Group. Ambas organizaciones están dedicadas a ayudar a personas a alcanzar sus sueños y cumplir los destinos que Dios les ha dado.

Él ha escrito doce libros, incluyendo *An Enemy Called Average, You're Born An Original–Don't Die A Copy, Let Go of Whatever Makes You Stop,* y *Know Your Limits Then Ignore Them,* que juntos han vendido más 1,5 millones de copias y han sido traducidos a treinta y cinco idiomas diferentes alrededor del mundo. Sus libros son reconocidos como una fuente de sabiduría divina, motivación bíblica y principios prácticos. Sus obras han sido publicadas dos veces en *Reader's Digest* y en muchas otras publicaciones nacionales e internacionales. Cinco de sus libros han alcanzado el puesto #1 en la lista de más vendidos de Amazon.

Conocido por su sentido del humor, sus

pensamientos poderosos y sus ideas reveladoras, él es un orador popular por todo los EE.UU. y alrededor del mundo.

John y su esposa, Linda, tienen cuatro hijos e hijas: Michelle, Greg, Michael y David. Ellos viven en Tulsa, Oklahoma.

A John le agradaría la oportunidad de hablar en su iglesia, conferencia, retiro u organización de negocios.

Además, si tiene algún pedido de oración, siéntase libre de entrar en contacto con su oficina.

Él puede ser contactado de la siguiente manera:

4739 East 91$^{st}$ Street Suite 210
Tulsa, OK 74137

Teléfono: (918) 493-1718

Correo electrónico: contact@freshword.com
www.freshword.com

# Referencias

[1]Earl Nightingale (1921-1989) era un orador motivador, personalidad de radio y autor americano. Él fue conocido como uno de los pioneros en la industria del desarrollo personal. (cornerstone.wwwhubs.com/EARL_NIGHTINGALE.html).

[2]Christopher Morley (1890-1957) fue un autor americano que escribió más de cien libros, incluyendo novelas, artículos, poemas y ensayos (www.pabook.libraries. psu.edu).

[3]Mike Murdock es un televangelista americano y el pastor principal del ministerio The Wisdom Center, ubicado en Fort Worth, TX. Él también es un autor y compositor reconocido. (www.thewisdomcenter.tv).

[4]Eric Hoffer (1898-1983) fue un ex-trabajador inmigrante y estibador. Él escribió nueve libros y es considerado un pensador importante del siglo veinte. Fue premiado con la Medalla Presidencial de la Libertad en 1983 (www.hofferproject. org/HPhoffer.html).

[5]Larry Bielat fue un mariscal de campo All-American para el colegio Michigan State University. Él fue entrenador de fútbol americano por 35 años en cada nivel del deporte. Él es un orador y autor motivador. (https://coacheschoice.com/m-568-larry-bielat).

[6]El miná pertenece a la familia de estorninos. El miná del Himalaya es quizás la especie más famosa debido a su habilidad para «hablar». Es una mascota popular porque puede aprender fácilmente a imitar palabras y frases humanas. (www. encyclopedia.com/topic/Mynah_birds.aspx).

[7]John Webster (1580-1625) fue un poeta y dramaturgo inglés que escribió La duquesa de Malfi, donde aparece esta cita. (http://quotes.dictionary.com

[8]Alfred Whitney Griswold (1906-1963) fue un educador y autor americano. Él fue presidente de Yale University de 1950 a 1963.

[9]Christopher Morley (1890-1957) fue un escritor, poeta, dramaturgo y humorista americano (www.online-linterature.com/morley/).

[10]Henri Frederic Amiel (1821-1881) fue un filósofo, poeta y crítico suizo. Él es conocido por haber escrito su Journal intime, una «obra maestra de introspección» (www.britannica.com./EBchecked/topic/20590/Henri-Frederic-Amiel).

[11]Tim Redmond: un amigo del autor. Véase la introducción.

[12]Alice Caldwell Rice (1870-1942) fue una autora americana mejor conocida por su libro Mrs. Wiggs of the Cabbage Patch. Esta obra ha sido traducida, filmada y adaptada para el teatro muchas veces.

[13]Henry Van Dyke (1852-1933) fue un autor, maestro y clérigo americano. Él escribió varios poemas, dos historias navideñas y presidió sobre el comité que escribió la primera liturgia presbiteriana impresa. Él también escribió la letra del himno Joyful, Joyful We Adore Thee (www.poemhunter.com/henry-van-dyke/).

[14]Corrie Ten Boom (1892-1983) y su familia ayudaron a judíos escapar del holocausto Nazi durante la Segunda Guerra Mundial. Ellos salvaron cientos de personas (www.biography.com/people/corrie-ten-boom-21358155).

[15]Howard Chandler Christy (1873-1952) fue un artista e ilustrador americano. Su pieza más famosa, Scene at the Signing of the Constitution of the United States, pintada en 1940, aún sigue expuesta en el capitolio de los EE.UU (https:// chewonstyrofoam.wordpress.com/comparisons/).

[16]Frank McKinny "Kin" Hubbard (1868-1930) fue un periodista y humorista americano, creador de la caricatura Abe Martin of Brown County (www.

indianahistory.org/our-collections/reference/notable-hoosiers/kin-hubbard#.
VCPI8IpOKJJ).
[17]Bob Harrison es conocido como el «Dr. Aumento». Él es un autor más vendido
y seminarista de «estrategias de aumento» que han cambiado las fortunas de
muchísimos hogares y negocios (www.increase.org/about-bob).
[18]Theodore Roosevelt (1858-1919) fue el 26to presidente de los Estados Unidos. Esta
cita fue tomada de un discurso que él hizo en Abril 10, 1899 ante el Hamilton Club
en Chicago (www.bartleby.com/58/1.html).
[19]Vernon Sanders Law fue lanzador para el equipo de béisbol Pittsburg Pirates. Él jugó
16 temporadas con ellos y ganó varios premios (www.quotes.net/quote/20785).
[20]J. Oswald Chambers (1874-1917) fue un ministro, maestro y autor conocido por
su devocional titulado My Utmost for His Highest (http://utmost.org/oswald-
chambers-bio/).
[21]Epicteto (A.D. 55-135) fue un filósofo estoico griego (www.britannica.com/
EBchecked/topic/189728/Epictetus).
[22]Woodrow Wilson (1856-1924) fue el 28to Presidente de los Estados Unidos.
[23]Anatole France (1844-1924) fue un poeta y escritor francés que recibió el Premio
Nobel de Literatura en 1921 (www.britannica.com/EBchecked/topic/21605/
Anatole-France).
[24]John Burroughs (1837-1921) fue un escritor americano conocido por sus ensayos
sobre aves, la naturaleza, la religión y la literatura (www.catskillarchive.com/jb/jb-
bio.htm).
[25]Charles M. Sheldon (1857-1946)fue un ministro americano conocido por su serie de
sermones dominicales que fue publicada en forma de un libro titulado In His Steps.
Una de las historias, "What Would Jesus Do?", creó el lema cristiano (WWJD) que
ha vendido millones de brazaletes, camisetas y collares (www.kshs.org/kansapedia/
charles-monroe-sheldon/12201).
[26]Ralph Waldo Emerson (1803-1882) fue un poeta, filósofo, periodista y ensayista
americano (www.biography.com/people/ralph-waldo-emerson-9287153).
[27]Hilary Hinton "Zig" Ziglar (1926-2012) fue un autor, vendedor, y orador americano.
Él escribió más de dos docenas de libros y acumuló un gran seguimiento de
personas que fueron ayudadas por sus enseñanzas (www.forbes.com/sites/
kevinkruse/2012/11/28/zig-ziglar-10-quotes-that-can-change-your-life/).
[28]Edmund Burke (1729-1797) era un filósofo político británico. Él fue elegido a la
Cámara de los Comunes Británica, donde él dio muchos discursos parlamentarios
(www.plato.stanford.edu/entries/burke).
[29]Hellen Keller (1880-1968) fue una educadora americana y también una de las
humanitarias más eminentes del siglo veinte, a pesar de que ella era sordomuda.
Ella fue cofundadora de la Unión Estadounidense por las Libertades Civiles en
1920.
[30]William Winans (1788-1857) fue un predicador itinerante americano. Él fue
considerado un pionero del metodismo en el estado de Mississippi (www.millsaps.
edu/library/library_cain_winans.php).
[31]Ronald E. Osborn (1917-1998) fue un maestro, escritor y el primer moderador
de la Iglesia Cristiana (Discípulos de Cristo) (www.chalicepress.com/Author.
aspx?AuthorID=1185).
[32]Napoleón Bonaparte (1769-1821) fue un gran líder militar francés y el primer
emperador de Francia (www.biography.com/people/napoleon-9420291).
[33]David Lloyd George (1863-1945) fue una figura prominente en la política británica
durante la primera parte del siglo veinte. Él fue un personaje clave en la ampliación
del estado benefactor británico, y él luego fue elegido Primer Ministro en los dos

# Referencias

últimos años de la Primera Guerra Mundial (www.biographyonline.net/politicians/uk/lloyd-george.html).

[34]Charles H. Spurgeon (1834-1892) fue un predicador bautista, escritor y editor inglés. Él le predicó a miles de personas durante su tiempo como pastor de la iglesia New Park Street Church. Él también fundó un colegio para pastores y un orfanato (www.wholesomewords.org/biography/biospurgeon6.html y www.spurgeon.org/biopref.html).

[35]James Irwin (1930-1961) fue un astronauta americano que se convirtió en la octava persona en caminar sobre la luna. Eso fue una experiencia religiosa para él que le llevó a fundar High Flight Foundation, una organización evangélica (http://biography.yourdictionary.com/james-benson-irwin).

[36]Max De Pree es un empresario americano, ex-presidente de Herman Miller, y un autor exitoso de libros sobre el liderazgo (www.cardus.ca/comment/article/1297/the-legacy-of-max-de-pree/).

[37]John Wesley (1703-1791) fue un predicador y evangelista americano que con la ayuda de su hermano Charles fundó el movimiento metodista (www.biography.com/people/john-wesley-9528077).

[38]Autor de Qualities of Intelligence, publicado en 1932.

[39]Calvin Coolidge (1872-1933) fue el trigésimo presidente de los Estados Unidos (www.biography.com/people/calvin-coolidge-9256384).

[40]James M. Barrie (1860-1937) fue un autor y dramaturgo escocés famoso por haber escrito la obra Peter Pan (www.biography.com/people/jm-barrie-9200058).

[41]John Greenleaf Whittier (1807-1892) fue un poeta y activista americano. Un cuáquero, él también trabajo mucho para una serie de periódicos y revistas abolicionistas (www.poets.org/john-greenleaf-whittier).

[42]Laurence J. Peter (1919-1990) fue un educador y autor canadiense famoso por su libro The Peter Principle: Why Things Always Go Wrong. Era un comentario satírico acerca de varias burocracias que las cuales él había formado parte (www.britannica.com/EBchecked/topic/452622/Laurence-J-Peter).

[43]George Craig Steward (1879-1940) fue un obispo de la diócesis episcopal en Chicago. Él fue un predicador reconocido, y su parroquia creció hasta ser la más grande del oeste, si no del país entero.

[44]Louis "Studs" Terkel (1912-2008) era un periodista y anfitrión de radio que ganó un premio Pulitzer en 1985 por su libro The Good War: An Oral History of World War II. Él escribió sobre la participación del país en la SGM, usando anécdotas de gente común (www.biography.com/people/studs-terkel-9504206).

[45]Thomas Carlyle (1795-1881) fue un historiador, ensayista y filósofo escocés con mucha influencia durante la era victoriana (www.quotationsbook.com/quotes/Thomas_Carlyle).

[46]Rev. E.V. Hill (1933-2003) fue pastor de la iglesia Mt. Zion Missionary Baptist Church en Los Ángeles por 42 años. Él fue una figura influyente en la política y en la Convención Bautista Nacional.

[47]Joseph Joubert (1754-1824) fue un escritor francés que nunca publicó algo mientras estaba vivo. Él escribió usando cualquier cosa que estuviera a su alcance – cuadernos, trozos de papel – que él luego guardó en un baúl. Sus obras después fueron organizadas y publicadas (www.britannica.com/EBchecked/topic/1787103/Joseph_Joubert).

[48]Henry Ward Beecher (1813-1887) fue un ministro americano, escritor popular, profesor y hermano de Harriet Beecher Stowe (Uncle Tom's Cabin) (www.u-s-history.com/pages/h279.html).

[49]Douglas V. Steere (1901-1995) fue un autor americano que también trabajo como

*¡Imparable!*

profesor de filosofía en Haverford College y como líder cuáquero (www.nytimes.
com/1995/02/16/obituaries/douglas-steere-93-author-professor-and-quaker-leader.
html).

[50]Victor Hugo (1802-1885) fue un poeta, dramaturgo y autor francés conocido por
sus novelas Los miserables y Nuestra señora de París (www.biography.
com/people/
victor-hugo-9346557).

[51]Tyron Edwards (1809-1894) fue un teólogo americano conocido por haber compilado
un libro de citas, New Dictionary of Thoughts. Él era el tataranieto de Jonathan
Edwards, una figura eminente en la era del Gran Despertar (www.andiquote.co.za/
authors/Tyron_Edwards.html).

[52]Edwin Louis Cole (1922-2002) fue un líder, autor y pastor conocido como el «padre
del movimiento de hombres cristianos» (www.christianmensnetwork.com/about/
dr-edwin-louis-cole).

[53]George Matthew Adams (1878-1962) fue un columnista y editor americano. Él
inauguró un servicio que sindicó tiras cómicas y columnas a periódicos por muchos
años (http://izquotes.com/quote/337085).

[54]Robert Frost (1874-1963) fue un poeta americano ganador del premio Pulitzer. Él
usaba lenguaje y situaciones familiares para retratar la vida en la región de Nueva
Inglaterra (www.biography.com/people/robert-frost-20796091).

[55]Norman Cousins (1912 o 1915-1990) fue un escritor americano que trabajó como
editor principal del Saturday Review. Él se dedicó a escribir sobre enfermedades,
sanidad y la paz mundial (www.encyclopedia.com/topic/Norman_Cousins.aspx).

[56]Jason Lehman tenía 14 años cuando escribió este poema, titulado Present Tense.
Su abuela lo envió a la revista Dear Abby para ser publicado (http://articles.
chicagotribune.com/1989-02-14/features/8903050524_1_poem-letters-holiday-
season).

[57]Mervin E. Rosell (1913-2001) fue un autor, escritor de himnos y televangelista que
participó en el movimiento Youth for Christ (http://hymncommentary.blogspot.
com/2014/03/rev-mervin-e-rosell-above-clouds-youth.html?m=1).

[58]W. Somerset Maugham (1874-1965) fue un dramaturgo y autor inglés (www.online-
literature.com/maugham/).

[59]Orison Swett Marden (1850-1924) fue un autor de motivación americano y fundador
de la revista Success Magazine (http://orisonswettmarden.wwwhubs.com/).

[60]Frank Outlaw fue el presidente de la cadena de tiendas Bi-Lo Supermarket (http://
quoteinvestigator.com/2013/01/10/watch-your-thoughts/).

[61]Oliver Wendell Holmes Sr. (1809-1894) fue un doctor, educador, fisiólogo, científico,
poeta y autor americano. Él sirvió como el decano de Harvard Medical School, pero
es mejor conocido por sus poemas y ensayos (www.biography.com/people/oliver-
wendell-holmes-9342379).

[62]Martin Buxbaum (1912-1991) fue un poeta, autor y editor americano que trabajó
para la compañía Marriot Corporation (http://library.syr.edu/digital/guides/print/
buxbaum_m_prt.htm).

[63]Charles Caleb Cotton (1780-1832) fue un clérigo, autor, jugador y deportista inglés.
Su obra más famosa, Many Things in Few Words, es un estudio de los líderes
sociales, políticos y religiosos de su época (http://essays.quotidiana.org/colton).

[64]William Hazlitt (1778-1830) fue un ensayista y crítico inglés (www.encyclopedia.com/
topic/William_Hazlitt.aspx).

[65]Allan Knight Chalmers (1897-1972) fue un clérigo americano, activista por los
derechos civiles, presidente de la NAACP y mentor de Martin Luther King Jr. (http://
mlk-kpp01.stanford.edu/index.php/encyclopedia/encyclopedia/enc_chalmers_
allan_knight_1897_1972/).

# Referencias

[66]Charles Capps (1934-2014) fue un campesino, constructor y maestro bíblico americano. Él era conocido como el «campesino volador» porque él acostumbraba volar equipos de jóvenes a las Bahamas para compartir el mensaje de Cristo con los residentes (http://charlescapps.com/tribute-page.shtml).

[67]Francis Bacon (1561-1626) fue un hombre de estado, filósofo y científico inglés famoso por su trabajo promoviendo el método científico (www.biography.com/people/francis-bacon-0104632#synopsis).

[68]Thomas A. Edison (1847-1931) fue un inventor americano que desarrolló productos como el telégrafo, fonógrafo, la luz eléctrica, baterías alcalinas y una cámara para películas. Él tuvo más de 1.000 patentes de inventos a su nombre (www.biography.com/people/thomas-edison-9284349).

[69]Ethel Waters (1896-1977) fue una actriz y cantante de jazz y blues americana. En los años sesenta, ella acompañó varias veces a Billy Graham en sus reuniones evangélicas (www.britannica.com/EBchecked/topic/637514/Ethel-Waters).

[70]George Washington Carver (1864?-1943) fue un inventor, científico, químico y botanico americano conocido por haber desarrollado más de cien usos para el cacahuete (www.biography.com/people/george-washington-carver-9240299#synopsis).

[71]Benjamin Franklin (1706-1790) fue un escritor, inventor y científico americano. Él es conocido como uno de los fundadores que escribió la Declaración de Independencia y la Constitución de los EE.UU. Él organizó la primera biblioteca pública y el primer departamento de bomberos voluntarios en los EE.UU; él también llevó a cabo investigaciones científicas en la electricidad, matemática, y cartografía (www.biography.com/people/benjamin-franklin-9301234).

[72]Joel Hawes (1789-1867) fue un ministro en la iglesia First Congressional Church en Connecticut, conocido por sus sermones y obras publicadas (http://en.m.wikipedia.org/wiki/Mary_Jane_Holmes).

[73]Sir Hugh Walpole fue un escritor Británico y actor (www.britannica.com/EBchecked/topic/635011/Sir-Hugh-Walpole).

[74]Elbert Hubbard (1856-1915) fue un escritor americano, filósofo, empresario y fundador de la comunidad Roycroft Arts and Crafts. Él falleció cuando el barco en el cual él era pasajero fue hundido por un submarino alemán (www.online-literature.com/elbert-hubbard/).

[75]Robert Green Ingersoll (1833-1899) fue un abogado, político y profesor americano. Él era conocido por su apodo «el gran agnóstico» (www.britannica.com/EBchecked/topic/288073/Robert-G-Ingersoll).

[76]Arlan K. Gilbert Autor, (1900-1994).